„Einstweilen vielen Dank!"

- im Leben eines Hausmeisters

Der Autor

Roland Bauer, ein geborener Münchner, arbeitet seit seiner Lehre zum Elektriker als Hausmeister in einer großen Wohnanlage. Zu seinem Beruf ist er gekommen wie die Jungfrau Maria zu ihrem Kind. Nach Höherem strebend besuchte er die Abendrealschule und wollte sogar studieren. In dieser Zeit lernte er seine jetzige Frau kennen mit der er zwei Kinder hat. Sein Wunsch war die Kinder aufwachsen zu sehen und nicht in der früh, wenn die Kleinen noch schliefen zu gehen und am Abend, wenn sie wieder im Bett waren, heimzukommen. Dieser Wunsch ging durch seinen Beruf als Hausmeister in Erfüllung. Neben seinem Beruf spielt er leidenschaftlich gerne Golf und ist künstlerisch tätig. Kreativ zu sein, vieles mit anderen Augen zu sehen und dies in der Freizeit umzusetzen, ist sein Lebensinhalt geworden. Mit Farben und Formen sich und seine Gedanken auszuleben ist kein Wunsch geblieben. Kunst ist ein Teil seines Lebens und Kunst ist ein Motor für sein Leben.

Nach über 30 Jahren ist er immer noch in seiner Heimatstadt und bodenständig seiner Firma und Arbeit treu geblieben. Die Arbeit die er macht und machte hat ihn so geprägt, dass er die erlebten Geschichten in Worte fasste und Sie daran teilhaben lassen will.

„Einstweilen vielen Dank!"

- im Leben eines Hausmeisters

Roland Bauer

Impressum
Texte: © Copyright by Roland Bauer
Umschlag: © Copyright by Sabrina Bauer
Verlag: Epubli

„Jeder Mensch ist Kunst,
gezeichnet vom Leben"

(Quelle unbekannt)

Prolog

Narrisch, wie die Zeit vergeht. Je älter man wird, umso schneller verrinnt die Zeit. So kommt es den meisten Menschen zumindest vor, obwohl es ja nachweislich nicht so ist. Ich glaub es selber kaum, aber ich habe mittlerweile schon 33 Jahre als Hausmeister auf dem Buckel.

Hausmeister ist die gängigste Bezeichnung für meinen Job. Früher hieß es beim Dienst in Adelskreisen auch „Majordomus", in Wohnkasernen von Großstädten „Hausbesorger" oder „Anschaffer". In Bayern nennt man uns heute noch a bisserl abwertend „Hausl" und der wird in Ludwig Thoma´s „Heiliger Nacht" als „hoanbuchana Gsell" charakterisiert, auf den man besonders aufpassen muss.

Neudeutsch werden wir als Haustechniker, mit leichtem Grinsen in den Mundwinkeln auch als Facility Manager betitelt. Mein Beruf ist trotz dieser vielen Titel kein Ausbildungsberuf, meist werden hier Handwerker mit Gesellenbrief eingesetzt.

In Stellenanzeigen verlangt man meistens „gute körperliche Fitness, handwerkliches Geschick und kommunikatives Einfühlungsvermögen" im Umgang mit den Hausbewohnern.

Was für ein Anforderungsprofil an einen einfachen Hausmeister!

Richtig hart wird es, wenn man die Position anschaut die ein Hausmeister einnimmt und welchen Anforderungen er dabei aber jeden Tag gerecht werden soll.

Es gibt einen Chef oder mehrere, die das Sagen haben, denen man immer gerecht werden soll. Dann gibt es die Mieter oder Eigentümer, die oft an Geduldsarmut leiden. Dazwischen stehst du, der alles im Griff hat und im völligen Überblick des Großen und Ganzen des Hausmeisteruniversums seine Arbeit verrichtet.

Die Mieter wünschen sich den Tag und Nacht bereitstehenden Fachmann, der ohne Murren und immer freundlich alle Wünsche erfüllt und springt, wenn sie pfeifen.

Und zu Recht willst auch du selbst, zumindest am Anfang deines Berufslebens, der perfekte, überall angesehene Dienstleister sein, aber auch ein wenig eine Respektsperson.

Ich weiß aber aus meiner eigenen Erfahrung, erfüllst du einen Wunsch nicht und begründest du dies, gibt's Ärger.

Als „Hausl" bin ich tief drin in den Familiengeschichten der Mieter und komme auch nicht mehr so schnell aus der Situation heraus, es ist ein Beruf, dessen Umfang nicht in einer Berufsbeschreibung erfasst werden kann, es ist Berufung, sonst nichts.

Negatives und positives, das sich aus der Arbeit ergibt, bleibt oft jahrelang präsent und prägt dein Denken und Handeln in Gegenwart und Zukunft. Man muss also schon ganz schön bekloppt sein diesen Job anzunehmen, nur merkt man dies erst mit den Jahren.

Ich bin also einer dieser Bekloppten. Du erlebst Frust und Freude, dir begegnen Bankräuber, du hörst von Massenmördern und Familientragödien. Typen aller Art wohnen in deiner Anlage, von manchen wirst du beschimpft und beleidigt. All dies löst in einem Menschen etwas aus und nicht nur positives. Ob man damit klar kommt oder nicht, belastbar genug ist für diesen Job, das alles kann man in einem Bewerbungsgespräch nicht einfach so abklären.

Meine Mutter sagte zu mir oft ich bin ein Revoluzzer und Querdenker. Ich weiß nicht ob sie hier mein pubertäres Verhalten gemeint oder weiter gedacht hat. In jedem Fall braucht man in diesem Beruf, wenn man ihn über Jahre ausüben will, auch solche Eigenschaften, mehr oder weniger. Was dieser Beruf in sich hat will ich versuchen anderen Menschen transparent zu machen.

Lustiges, Trauriges, Bitteres, Böses, Beleidigendes, unmöglich Vorstellbares, Schönes. Eine Palette von Gefühlen deren Spektrum so groß ist, dass ich Sie gerne daran teilhaben lassen möchte. Manchmal lohnt es sich genauer hinzusehen, und deswegen lade ich Sie dazu ein, mit mir einen Beruf näher zu betrachten, der auf den ersten Blick vielleicht schnell unterschätzt wird.

1.

Wie fing alles an?

Gegenfrage, wissen Sie noch wie Ihr Berufsleben anfing? Ich bin mir sicher diesen Einschnitt in einem noch jungen Leben weiß jeder noch, so etwas vergisst man nicht und auch wenn der Mensch im Allgemeinen ein Verdrängungskünstler ist, das verdrängt keiner. Hier kann man vielleicht auch sehen wie wichtig oder auch wie nachhaltig der Schritt ins Berufsleben für jeden Menschen ist. Ok, heute gibt es junge Menschen, die diesen Schritt nicht erleben dürfen, oder wollen, sei es weil es mit dem Wunschberuf nicht klappt oder auch ganz einfach, weil sie keine Lust haben zu arbeiten. Wir sind selber schuld, in den Medien gibt es große Autos oder andere Dinge, die du dir erst einmal erarbeiten musst und wenn du als junger Mensch deinen Gehaltszettel anschaust, bist du wieder wach geworden. Ich will damit sagen, unsere Zeit hat viel positives, aber leider auch immer mehr was uns fordert, womit wir oft nicht mehr zurechtkommen.

Ausflüge weit ab vom roten Faden werden Sie von mir öfters erleben, aber auch das bin ich, wie meine Mutter schon sagte, Querdenker und Revoluzzer.

In meinen Ausführungen und Geschichten, will ich aber auch immer persönliche Gedanken mit auf das Papier bringen.

Also wie fing es bei mir an?

Nach einem unspektakulären Schulabschluss mit

Fachschulreife, versuchte ich dem Grundwehrdienst aus dem Weg zu gehen. Nicht weil ich ein Drückeberger oder leidenschaftlicher Pazifist war, eher ein bequemer junger Mann, der diese Eigenschaft bis heute nicht so ganz ablegen konnte. Unser damaliger Nachbar war bei der Musterungsstelle, aber leider schon in Rente, er gab mir aber einen Brief für seinen noch im Dienst stehenden ehemaligen Kollegen mit.

Das Dumme war nur, der Mann war im Urlaub und der Mann war auf einmal eine etwas festere ältere Dame, sie war so gar nicht lustig. Also Brief eingesteckt gelassen und durch die Musterung durch. Was hatte ich mir alles an körperlichen Gebrechen ausgedacht und zum Schluss schon selbst daran geglaubt. Nicht dass jetzt jemand auf den dummen Gedanken kommt ich wäre faul, ich war nur darauf bedacht, mit einem Minimum an Einsatz ein Maximum an Ergebnis zu erzielen. Also - ich wurde eingezogen.

1985 beendete ich meinen Grundwehrdienst und kam zu einer Wohnbaugesellschaft als Hausmeister. Schon das Einstellungsgespräch war eher ein Theaterstück als eben ein Einstellungsgespräch mit durchleuchten und abklopfen. Hätte ich heute noch einmal ein Vorstellungsgespräch in unserer Firma, wären der Chef, der Prokurist und der Technische Leiter die Personen, die mich nach meiner Eignung für die Firma prüfen würden.

Meine Ahnung vom Berufsleben war bis dato auf die Lehrzeit beschränkt. Von einem Freund, der beim Bayerischen Rundfunk arbeitete, wusste ich, er bekommt Betriebsrente und dies wollte ich auch haben.

Da mein künftiger Chef das mit der Betriebsrente positiv sah, fing ich im Oktober 1985 in der Firma zu arbeiten an. Ein großer bärtiger Mann, der Werkstattleiter, wurde mir vorgestellt und sein erster Satz war „Buarle des griang ma scho". Der Buarle war mir sofort klar, gegen dieses gestandene Mannsbild war jeder ein Buarle. Ich dagegen eher klein, damals noch schmächtig und blass. Was ich an diesem Tag der Einführung als erstes mitbekam war, dass in den Werkbänken nicht nur Platz für Werkzeug war. Es war Platz genug für Bier und dies wurde nicht alt.

Es waren fleißige Handwerker mit viel Humor und Durst, ich lernte viel und schnell von ihnen.

Mein Arbeitsplatz war in Aubing und als ich das erste Mal meine Werkstatt sah, sah sie ganz anders aus wie ich mir bis dahin eine Werkstatt vorstellte. Ein großer Haufen begrüßte mich in einem Keller. Der Haufen in der Mitte des Raumes bestand aus Schrauben, Werkzeug und jeder Menge Schrott, ich weiß nicht wie ich dies anders beschreiben könnte, ein Haufen wie ein Misthaufen halt, nur aus Metall.

Der Haufen war so groß und das Suchen darin verglich ich mit der berühmten Nadel im Heuhaufen. Nur hier hätte sogar ein Magnet versagt.

Hinzu kam noch, hätte ich tatsächlich etwas darin gefunden, hätte ich es nicht gebrauchen können, außer meine zehn Finger wären mir egal gewesen. Eine meiner ersten Aufgaben war es also, neues Werkzeug und Arbeitsmaterial zu besorgen und die Werkstatt so zu gestalten, dass man vernünftig arbeiten konnte.

Vernünftig arbeiten, damit meine ich für diese Zeit. Jetzt hatte alles gepasst, war sortiert und Werkzeug und Material am richtigen Platz. Heute ist ganz klar alles anders. Heute bekommst du Maschinen und Werkzeug und es wird vom Sicherheitsbeauftragten angeschaut und er findet Mängel, obwohl du das eine oder andere Teil noch nie benutzt hast. Eine Leiter wird geprüft und es gibt eine Anleitung und Einweisung dazu. Mich würde interessieren, ob die Erbauer vom Kölner Dom Deppen waren. Ok, die Sicherheit will ich nie in Frage stellen, aber übertriebenen Unsinn der in Regeln und Vorschriften gefasst wird.

Zu Leitern komme ich noch, ein Thema mit viel Potential.

Als ich meinen Vorgänger kennenlernte, wusste ich es würde nicht leicht werden und hab gleich mal eine neue Bewerbung als Flugzeugelektriker geschrieben und abgeschickt. Der Vorgänger war ein Hammer, er wurde gegangen. Arbeitsstunden wollte er aus Prinzip nicht aufschreiben und wenn ein Mieter sich beschwerte, bekam der Mieter erstmal das Werkzeug, oder was er gerade so in der Hand hatte, zu spüren.

Er schaffte es sogar „Hausmeisterolympisch", einen

Rechen in den ersten Stock auf einen Balkon zu werfen und er traf. Der Mann, der sich wegen des Lärmes vom Hausmeister verursacht, beschwerte, ging ko. Für diese Leistung, da noch nicht olympisch, bekam er kein Gold, nur einen riesen Haufen Ärger, der bei ihm aber keine Spuren hinterließ.

Ich hatte echt Angst, mich von ihm in die Arbeit einweisen zu lassen. Mit ihm in eine Heizung zu gehen, um mir diese erklären zu lassen, war ein Horror für mich. Es kam wie es kommen musste, ich hätte eine Anlernzeit von einem Monat gehabt, aber nach einem Tag hatte er keine Lust mehr und hat einfach aufgehört, und ist gegangen.

Dann stand ich da und dachte, wie soll ich hier alles machen, jung, unerfahren und völlig auf mich allein gestellt. Hier kam mir mein alter Lehrherr zu Hilfe mit einem Spruch, den er mir übertrieben oft in allen Stimmlagen mitgegeben und der sich dadurch eingeprägt hat. „Geht nicht, gibt's nicht." So soll es sein.

2.

An meinem zweiten Arbeitstag dachte ich Außerirdische hätten unsere Anlage besucht. Kennen Sie das Bild von den Kornkreisen in den Getreidefeldern? Genau die hatte ich in meinen Wiesen. Der alte Hausmeister hatte seine eigene Art Wiesen zu mähen und diese Art war nicht die, die ich kannte. Kreise und Schneisen im überlangen Gras, irgendwie hatte es was, aber schön war es nicht und gepflegt schaute auch anders aus.

So, nun hatte ich einen Rasentraktor, aber keine Ahnung wie er überhaupt funktionierte, also lernte ich als erstes mit einer Sense überlanges Gras zu mähen. Naja, mit der Sense mähen kann ich heute noch nicht, aber das Gras war irgendwie weg. Später machte mir das Mähen mit dem Traktor die größte Freude, war es doch Sommer und der Duft von frisch gemähtem Gras ist das schönste Parfum der Natur. Allergiker sehen es wohl anders.

Nach und nach arbeitete ich mich ein und hatte ein Prinzip, das aber nicht lange funktionierte: Freunde hatte ich überall, aber bei Mietern such ich mir keine. Kurz mal reden, „Hallo", arbeiten und „auf Wiedersehen". Dies dachte ich, aber ganz so einfach ist es nicht und ich habe mein Prinzip geändert. Ich versuchte jeden Mieter gleich zu behandeln, aber das muss einer erst mal umsetzen. Jetzt, nach 33 Jahren, kam eine Dame zu mir die ich von Anfang an als Mieterin hatte. „Herr Bauer, können wir uns nicht duzen?" Dies war für mich der Moment, an dem ich dachte vieles richtig gemacht zu haben. Als wenn sie es gewusst hatte, kurz nach diesem angebotenem Du verstarb sie plötzlich und unerwartet. Dieser Stachel sitzt tief in mir und tut sehr weh. Ich war auf ihrer Beerdigung und wollte es nicht so richtig wahrhaben, einfach nur traurig.

Gedankensprung: Was denken Sie ist der am meisten gebrauchte Satz eines Mieters nach getaner Arbeit bei diesem? „Einstweilen vielen Dank" ist es. Sie können aber nicht wissen, „einstweilen" dauert 33 Jahre, plus einer unbekannten Zeitspanne dazu. Es kann aber auch sein, dass hier ein ganz anderer Sinn dahinter steckt, auch wenn ich diesen Sinn bis heute noch nicht verstanden habe.

In der Zeit als ich anfing als Hausmeister zu arbeiten war vieles in der Arbeit leichter. Damals ging es um die Arbeit die da war und gemacht werden musste. Es ging darum, dass sich Mieter wohlfühlten und zufrieden waren. Zufrieden sein und wohlfühlen haben sich nicht geändert, wie es dazu kommt, schon.

Ein Gedanke, den ich schon sehr früh hatte, war irgendwie beklemmend. Ich bin gerade 24 Jahre und werde bei den Mietern ein Kommen und Gehen erleben. Mieter ziehen weg, der Gedanke war in Ordnung, aber wie viele werden einfach nicht mehr da sein, wie viel wird mir der eine oder andere abgehen oder mich beschäftigen, wenn er schon lange nicht mehr da ist. Nach all den Jahren kann ich sagen dieser Gedanke von mir war treffend und hat Spuren hinterlassen.

3.

Aus Mangel an Übung beim Schreiben wird in meinen Geschichten der rote Faden Knoten und viele Kurven ziehen, vieles wird vielleicht auch erst beim öfteren Lesen einen Sinn ergeben. Es liegt aber auch in der Natur der Sache, kann ich doch besser mit Werkzeug wie Zange und Schraubendreher umgehen, als mit Stift und Papier. Beim Schreiben fang ich wie ein Lehrling gerade von vorne an, nicht aber bei dem Erlebten und dies will ich erzählen.

Apropos Zange, eine meiner ersten Zangen fand ich nach 20 Jahren in einem Jalousiekasten wieder. Scheinbar angespannt, reparierte ich eine kaputte Jalousie und sie funktionierte wieder perfekt. Ich zog mir aber bei der Reparatur einen Holzspan unter dem Fingernagel ein und fragte die Mieterin ob sie eine Pinzette hätte. Natürlich sagte sie und wollte mir beim Entfernen des Fremdkörpers helfen. Es blieb beim guten Willen, ihr war beim genauen hinschauen nicht mehr wohl. So schloss ich den Jalousiekasten wieder und ging in meine Werkstatt, um mich ärztlich zu versorgen. Nach 20 Jahren, so lange funktionierte die Jalousie wieder, bekam ich von der Dame erneut einen Reparaturauftrag. Als ich den Deckel öffnete, lag außer dem Schraubendreher alles Werkzeug schön im Jalousiekasten. Hammer, Zange, Nägel und Schrauben.

Ich habe keine Ahnung, wie ich den Deckel damals zugemacht hatte, wahrscheinlich hatte ich noch einen zweiten Schraubendreher in der Tasche und die Umstände hatten mich einfach nur meine Arbeit schnell beenden lassen wollen. Manches habe ich auch später noch in der Arbeit verlegt oder verloren und einiges davon irgendwann wiedergefunden. Aber ganz ehrlich, es ist schon spannend, etwas nach so langer Zeit wieder zu finden. Die Zeit schien in diesem Kasten stillgestanden zu sein, und ich fühlte mich beim Auffinden wieder 20 Jahre zurückversetzt.

4.

Dieses Haus, in dem mir das mit der Zange passiert ist, hat es einfach in sich, es ist ein besonderes Haus.

Eines Tages fing alles ganz gruselig an. Eine ältere Dame ging, so wie immer, auf den Speicher um ihre Wäsche zum Trocknen aufzuhängen. Sie öffnete die Tür zum Speicher und fing an ihre Arbeit zu verrichten. Da sie, wie so manche Hausfrau, gleich zwei Maschinen gewaschen hatte, ging sie also kurz darauf ein zweites Mal auf den Speicher. Irgendwann fiel, während sie die Wäsche an die Leine hing, die Speichertüre wie von Geisterhand ins Schloß. Hinter der Türe hing keine Wäsche sondern ihr jahrzehntelanger Nachbar. Ich weiß nicht, ob sich jemand wirklich vorstellen kann, wie dieser Moment für die Dame gewesen sein musste. Ich wüsste nicht, wie ich den Speicher wieder verlassen hätte können. Später stellte sich heraus, der ein wenig betagte Mann hatte mit seinem Auto einen kleinen Blechschaden verursacht und konnte es seiner Frau nicht beichten. Am Geld lag es nicht, den Herrschaften ging es finanziell nicht schlecht. Es war einfach Scham, Stolz und ganz viel Mangel am Eingestehen von Fehlern. Für mich war es subjektiv gesehen eine nie wieder gutzumachende Kurzschlusshandlung. Die erste Wohnung in diesem Haus wurde frei, die Ehefrau konnte hier nicht mehr wohnen und zog aus. Die Dame vom Speicher konnte hier nie wieder ihre Wäsche aufhängen und überhaupt hielt sie es in diesem Haus nicht mehr aus und kündigte ebenfalls. Die zweite Wohnung stand also ebenso leer. Im nächsten Monat bekam ich von einem anderen Mieter zu hören, der alleinstehende Mann aus der ersten Etage ist seit Tagen nicht mehr zu sehen. In diesem Fall schaue ich mir immer zuerst den Briefkasten an. Wenn der Mieter eine Zeitung abonniert hat, kann man auch an dieser sehen, dass irgendwas nicht in Ordnung ist. In dieser Zeit ging Nachbarschaftshilfe noch „so", man öffnete die Türe mit Zeugen und schaute nach. Hier fällt mir das Lied von Sido ein: „Bilder im Kopf." Der Mieter lag in der Badewanne, die Pulsadern geöffnet und ein Fön auf ihm liegend. Das Wasser in der Wanne dunkel gefärbt und ich ziemlich fertig mit allem. Er war krank und wollte auf Nummer sicher gehen und nicht unter Schmerzen auf den Tod warten. Dies gelang ihm perfekt. Somit war nun innerhalb von vier Monaten die dritte Wohnung leerstehend und wartete auf neue Mieter. Das Haus hatte sechs Parteien.

Der nächste Schrecken sollte nicht lange auf sich warten lassen. Dieser Schrecken war natürlich und doch total unnatürlich zugleich. Neben dem Badewannen-Selbstmörder wohnte ein älteres Ehepaar. Der Mann erlitt einen Herzinfarkt und die Ehefrau rief sofort den Notarzt. Die kamen schnell und wollten den Mann retten, was aber nicht gelang. Ich weiß nicht, ob seine Frau den Tod ihres Mannes noch mitbekam, hatte sie doch bei dessen Rettungsversuch ebenfalls einen Herzinfarkt bekommen und starb kurze Zeit danach. Vier Wohnungen von sechs standen also leer. Vier Wohnungen suchten neue Mieter. Ich wurde bei Mieterwechseln oft gefragt, ob in dieser Wohnung jemand gestorben ist und nicht selten ist das einfach auch so. Dies ist auch häufig ein Grund für den neuen Mieter, eine Wohnung nicht zu nehmen. Eine dieser vier Wohnungen wurde jedoch schnell neu vermietet, der Mieter hatte eine Frau dabei, diese vertrieb die bösen Geister. Der Film „Ghostbusters" hat seitdem eine neue Bedeutung für mich, da ich aber den Film gesehen hatte, wusste ich, dort ging`s lustiger zu.

Der Spuk ist vorbei und seit vielen Jahren hat dieses Haus neue Mieter und was war, weiß keiner mehr so genau, außer mir und jetzt Sie als Leser.

Eine Anmerkung zum Ableben in einer Wohnung habe ich aber noch. Unsere Kultur geht hier sehr schlecht damit um, es ist doch klar, man wird geboren, lebt eine Zeit lang und stirbt. Alles ist in Ordnung nur der Tod nicht, fast jeder hat Angst davor und verdrängt den Gedanken so gut es eben geht. Klar ist auch, fast keiner sucht sich den Zeitpunkt selber aus. Ich will damit sagen, es ist doch ganz klar, da wo ich mich häufig aufhalte, da ist es auch wahrscheinlicher, dass dieser Ort auch der ist, wo ich vielleicht auch gehen muss. Damit muss man leben und sollte es auch als Nachmieter einfach so hinnehmen.

5.

Es sind viele Geschichten die ich erzählen will. Ein Grund dafür ist, die Spezies „Hausmeister" besser verstehen zu können und den Berufsstand von einer anderen Seite kennenzulernen. Aufs Verstehen komme ich noch ein paar Mal, es ist ein Verstehen, welches sich aus meinen Erzählungen auch oft einfach so ergibt ohne große Erklärungen dazu abgeben zu müssen.

Viele Menschen denken, dass der Beruf den ich ausübe, ein rein mechanisch, praktischer Beruf ist. Die Wahrheit ist ganz wo anders versteckt. Es ist eine Tatsache und auch meine Erfahrung, dass viele Mieter kein Bild von der Arbeit haben, die unseren Berufsstand ausmacht. Ich fang mal beim größten Irrtum an. Ein Hausmeister ist kein Leibeigener der auf dem Sofa liegt und nur auf einen Anruf wartet. Bei mir tropft der Wasserhahn, ich bin gerade krankgeschrieben, sie können sofort kommen. Klar, ich stehe ständig mit dem Werkzeugkoffer in der Hand bereit und warte auf genau diesen Anruf. Ich bin gerade mit der Pest liegend zuhause und sie können sofort kommen und bei mir arbeiten. Die Pest ist übertrieben, alle anderen Krankheiten habe ich schon bei Mietern erlebt und überlebt. In seine Arbeit geht man nicht, weil es einem nicht gut geht, auch weil man Rücksicht auf seine Arbeitskollegen nimmt, aber beim Hausmeister ist das egal.

Im Grunde ist es ja so, ich schreibe hier meine erlebten Geschichten auf, sie sind wahr. Warum ich das mache, habe ich mich oft selbst gefragt. Vielleicht ist es eine Aufarbeitung meiner Arbeit und ich kompensiere somit vieles. Vielleicht ist es auch so, dass ich für mehr Verständnis für unsere Arbeit in diesem Berufsstand werben will. Viele Mieter machen sich keine Gedanken, wie sie mit der Spezies Hausmeister umgehen, und da frag ich mich wieder, ist der eine oder andere so dumm, ein Egoist oder vielleicht einfach nur oberflächlich? Ein ganz großer Irrtum ist auch: „Hausmeister - Hausl - Depp". Diese Steigerung gibt's nur in der Bierwerbung in umgekehrter Reihenfolge und mit anderen Worten.

Monatelang hatte ich eine Arbeit der besonderen Härte. Immer so gegen fünf Uhr nachmittags kam die Ehefrau eines Mieters von der Arbeit nach Hause. Fast nach Hause. In die Wohnung kam sie nie alleine. Mein Job war es, die Haustüre aufzusperren und den völlig betrunkenen Ehemann, der immer hinter der Wohnungseingangstüre eingeschlafen war, als er hier auf seine Frau wartete, wegzuschieben. Das ging solange gut, bis die Frau, Gott sei Dank, das Weite gesucht hatte. Er aber blieb, bekam einen Betreuer und ich hatte fortan meine Ruhe und einen unüblichen Hausmeisterjob weniger. Der verlassene Alkoholiker hatte noch viele Jahre hier bei mir gewohnt, und das konnte ich täglich überprüfen, hinterließ er mir doch jeden Tag eine neue kleine Jägermeisterflasche im immer gleichen Busch. Dieser Busch deshalb, weil er neben einem Stromkasten war, der ihm als Rast- und Ruhepunkt auf halber Strecke seines Weges zur Kneipe, diente. Irgendwann fiel mir auf, dass die kleinen Fläschchen fehlten. Er hatte sich, sehr hart formuliert, tot gesoffen und ich hatte einen Mieter weniger.

Mietergeschichten wird es hier auf diesen Seiten noch viele zu lesen geben. Kommen wir aber noch einmal auf meine Stelle als Hausmeister zurück und hier gibt es einiges zu erörtern.

6.

Es fängt immer mit einer Bewerbung an und hier wird das Anforderungsprofil gestellt. Heutzutage gibt es ein ausführliches Organigramm dazu. Einfach gesagt, was sind deine Aufgaben und wer hat dir etwas anzuschaffen. Für mich ist dieses Organigramm in vielen wichtigen Punkten sehr lückenhaft und in anderen Punkten nur eine Absicherung des Arbeitgebers. Als langjähriger Mitarbeiter in diesem Unternehmen habe ich schon viele solcher Aufgabenstellungen bekommen, meistens wenn ein neuer Chef die Bühne betrat.

Anforderungsprofil - dieses Wort gefällt mir sehr gut, beinhaltet es doch viel mehr als man denken könnte. Was musst du tun, wer sagt, was zu tun ist? Gehen wir doch einmal davon aus, jeder Vorgesetzte hat Vorstellungen zu deiner Arbeit, die sind nicht immer konform mit einem Betriebsgesetz, aber er versucht hier immer diesen Spagat hinzubekommen. Die Mieter haben oft ganz andere Vorstellungen was du machen sollst und als Mensch dazwischen ist man nicht immer in einer leichten Position. Ganz zum Schluss kommst du, immer versucht alles richtig zu machen, selten gelingt dir das, weil einfach zu viele Anforderungen an dich gestellt werden. Ganz unkompliziert gesagt, alles ist solange richtig, bis einer kommt und sagt es ist falsch was du machst. Ich verstehe meinen Beruf als wirklichen Dienstleistungsberuf der weit über geschriebene Anforderungen hinausgeht. Nicht ausnutzen lassen und mit einem gesunden Maß an Verständnis, seine Arbeit zum Wohle der Firma und den Mietern zu machen. Dies ist mein Berufsverständnis.

Heute ist es anders geworden in der Arbeit, ich habe auch bis zu einer gewissen Grenze Verständnis, ein Verständnis, das mir als kleiner Mitarbeiter aber gar nicht zusteht, ist doch alles schön geregelt. Ein Beispiel dazu: Vor nicht allzu langer Zeit wurden in unserer Firma Verkehrsicherungspflichten als zusätzliche Anforderung eingeführt. Dieses Anforderungsprofil kommt vom Gesetzgeber, und die Aufgaben werden nach unten weitergereicht. Verständnis dazu hab ich nicht in vollem Umfang. Mir ist klar, ohne diese Maßnahmen könnte es unter Umständen für einige Beteiligten gefährlich werden, könnte doch einiges im Argen sein und für Betroffene am Ende nicht gut ausgehen. Die Übertriebenheit solche Gesetze schnellstmöglichst umzusetzen ist aber in meinen Augen falsch.

Was machten Hausmeister schon immer, sie waren für Anlagen, Gebäude und Mieter da. Waren sie nicht für die Verkehrssicherheit in einer Anlage verantwortlich? Geht es nicht wirklich auch darum, sich als Gesetzgeber jemanden zu suchen, der Unzulänglichkeiten die gerichtlich werden könnten, an jemanden anderen abzugeben? Recht und Unrecht, mir steht es nicht zu darüber zu urteilen, meine Meinung dazu zu sagen, aber schon. Auch ohne diese neuen Pflichten und ihre Dokumentation dazu steht meine Wohnanlage noch und den Mietern geht es oft besser als sie denken. Der Berufsstand war und ist schon immer einer, bei dem bei allen anfallenden Arbeiten in seiner Tätigkeit der, der hier schon von der Art der Arbeiten die anfallen, auf Sicherheit und Ordnung geachtet wurde und auch weiterhin wird.

7.

Hex, hex - Themawechsel.

Die Wohnanlage, die ich betreue, hat viel Grün und damit auch viel Wohnwert für die darin lebenden Menschen. So viel Grün, dass sich hier auch andere Gestalten mit anderen Freizeitinteressen heimisch fühlen. Ein Mann kam eines Tages zu mir und sagte, dass sein Enkel immer komischer wurde. Nach der Schule kommend, durchsuchte er seinen Schulranzen, weil dieser immer gleich weit von ihm weggestellt wurde. Im Ranzen befanden sich viele Einmalspritzen, gebraucht und teilweise war Blut daran. Diese Erkenntnis teilte er mir mit und wir fragten den Buben wo er die denn her hatte. Hinter einer alten Bank, die mehr als Objekt der Begrünung diente, weil sie schon länger ausgedient hatte und mittlerweile schon in einem Busch eingewachsen war, fand er die Spritzen. Ich hatte ab diesem Tag ein höheres Augenmerk auf die Stelle und ging auch abends und in der Nacht dahin. Es hat Wirkung gezeigt, ich hatte zwar nie jemanden dort gesehen, aber die Spritzen waren seit dieser Zeit auch Vergangenheit.

Eine andere Geschichte zu diesem Thema will ich nun auch erzählen. Sie beschreibt wie ohnmächtig unsere Polizei sein kann.

Einer unserer Parkplätze liegt so, dass ich ihn von meinem Wohnzimmer aus gut einsehen kann. Eines Tages stand ich am Fenster und sah ein Auto, das ich nicht kannte, auf einem der von uns vermieteten Parkplätze stehen. In dem Auto konnte ich mehrere Personen erkennen und außerdem wie etwas aus dem Auto geworfen wurde. Zu diesem Zeitpunkt ärgerte ich mich zwar, weil Müll aus dem Auto zu werfen nicht geht, ich musste diesen ja schließlich später wieder aufheben. Als mir eine halbe Stunde später wieder dieses Auto auffiel machte ich mich auf den Weg, diese Leute anzusprechen. Nicht weit vom Auto entfernt sah ich dann erst, was hier eigentlich los war. Zwei Männer vorne im Auto, hinten einer, der, wie vorher schon, Müll in Form einer Spritze aus dem Auto entsorgte. Hier drehte ich sofort um und rief die Polizei an. Nichts passierte, keine Polizei kam und das Spiel mit dem Auto setzte sich fort. Sie holten Kunden, fuhren zum Parkplatz, machten ihre Geschäfte und die Polizei kam nicht. Beim vierten Mal, kam ich auf die „Super-Idee" den Parkplatz dann, wenn sie darin waren, zuzusperren. Danach rief ich ziemlich ungehalten wieder die Polizei an und erklärte ihnen meine Tat.

Diesmal war die Reaktion von der Polizei eine ganz andere, bis ich mich versah war alles voll mit Beamten und sie verhafteten die Personen sehr schnell. Ein Beamter sagte mir aber etwas, was mir sehr zu denken gab. Dies sind kleine Hehler, sie wissen genau welche Menge sie dabei haben können, ohne dass groß etwas passiert.

Mir war das völlig egal, wenn ich damit verhindern konnte, dass auch nur noch ein weiteres Kind eine Spritze findet, dann habe ich schon gewonnen.

8.

Wie viel Anonymität gibt es in Wohnanlagen? Ich kann nur sagen, in unserer gibt es davon nicht viel. Wo ein festangestellter Hausmeister seine Arbeit verrichtet, ist und wird er, ob er es will oder nicht, immer informiert.

Eines Tages rief mich eine Mieterin an, dass bei ihrer Nachbarin die Jalousie seit zwei Tagen geschlossen ist. Man muss dazu sagen, manchmal ist es auch gut, dass der Nachbar oft mehr weiß als die Person, die es betrifft, aber auch nur manchmal. Nachdem ich ein Wimmern in der Wohnung hörte, machte ich sofort die Eingangstüre auf und sah im Wohnzimmer, neben dem Sofa, die Dame liegen. Übliches Programm, Arzt, Krankenhaus und glücklicherweise oft die Rückkehr in die Wohnung. Schlimm wird es, wenn sich dieser Vorgang dann regelmäßig wiederholt.

Noch schlimmer und traurig wird es für mich, wenn diese Menschen Kinder haben, die ihre Eltern, ihr eigenes Fleisch und Blut, irgendwie vergessen oder verdrängt haben. Bei dieser Dame berührte mich im Nachhinein vieles. Ich fragte sie einmal warum sie ihre Lebensmittel auf dem Fensterbrett stehen hat, Sommer wie Winter. Sie sagte mir ihr Kühlschrank ist kaputt, sie sei 73 Jahre alt und ein neuer rentiert sich nicht mehr. Was für ein Wahnsinn, viele Menschen sind schon tot bevor sie gestorben sind.

Der richtige Wahnsinn ging dann los als sie 10 Jahre danach gestorben ist. Auf einmal waren Kinder da, die mit mir die Wohnungsabwicklung machten. Die Dame hatte ihren so lieb treusorgenden Kindern gleich ein

Vierfamilienhaus vererbt. Dies sagten mir die Kinder als ich sie fragte, wie es denn mit den Schönheitsreparaturen ausschaut und ich die Antwort bekam, alles kein Problem, Geld ist genügend da.

Man kann nicht reinschauen, in keinen Menschen. Und wie du dich jeden Tag täuschen kannst, diese Zeilen schreibt das Leben.

9.

Es gibt aber noch viel traurigere Geschichten die man als Hausmeister erleben kann. Die Mieterin ist alt, der Mann viel zu früh gestorben, als die Kinder noch klein waren. Die Rente der Frau viel zu klein, von der Drei-Zimmer-Wohnung ging's nun in die billigere Zwei-Zimmer-Wohnung. Wie es das Schicksal will, sterben auch die Kinder noch vor der Mutter. Das Geld ist knapp, aber zum Amt geht sie nicht. Jeden Tag einen Beutel Semmeln und Milch, das ist ihr Essen. Eines Tages rief mich die Dame an und sagte sie wolle sich von mir verabschieden. Ich fragte sie warum denn. Ja, jetzt ist es soweit, wenn sie in der Nacht aufsteht sieht sie schon schwarze Tiere und wenn sie das Licht aus- und dann wieder anmacht sind sie wieder weg. Also kurz gesagt ich bin verrückt und es geht dahin mit mir.

Ich schaute sofort nach und sah die schwarzen Tiere auch, bin ich jetzt auch verrückt? Nein. Es waren Kakerlaken und es waren sehr viele. Ein Inder, der zwei Stockwerke unter ihr wohnte, nahm die Tiere von seinem Arbeitsplatz, der Küche eines indischen Restaurants, mit. Die Dame hatte noch ein paar Jahre und der Kammerjäger viel Arbeit. Der Inder eine neue Wohnung, aber nicht mehr bei uns.

10.

Im Prinzip ist eine Wohnanlage immer ein eigenes kleines Dorf. Jeder weiß alles oder will alles vom anderen wissen. Ein Kinderspiel, welches Sie bestimmt auch noch kennen, ist die Flüsterpost. Sie funktioniert auch bei den Mietern, meistens mehr oder weniger gut. Der eine weiß etwas und sagt dem anderen die Neuigkeit und bei zwei Mal weitersagen kommt dabei eine ganz andere Geschichte heraus. So geschehen sind Menschen in den Köpfen der anderen schon gestorben. In Wahrheit hatte ein Mieter einen Krankenhausaufenthalt, danach noch eine Kur und war nach ein paar Wochen wieder braungebrannt unter uns. Auch das habe ich schon erlebt und ich brauchte ein paar Nächte mit vielen dummen Träumen, um das zu verarbeiten. Stellt man sich doch vor: Frau sowieso lässt einen sterben und nach Wochen steht der Verstorbene vor dir und sagt „Grüß Gott Herr Bauer". Dieses „Grüß Gott" bekommt auf einmal eine ganz andere Bedeutung für dich.

Auch wissen Mieter besser über die Krankheiten der Nachbarn Bescheid, als derjenige den es betrifft oder sein behandelnder Arzt. Hier stimmt der Spruch „die Totgesagten leben länger als man denkt." In dem Fall, an den ich gerade denke, ist die Frau weit früher gestorben als der Nachbar den sie ständig sterben ließ, weil der ja so krank war.

Ganz schlimm wird es auch, wenn Menschen sich, aus welchem Grund auch immer, gegenseitig schlecht machen. Andere Menschen ausrichten und Lügen verbreiten. Nicht jeder glaubt dann so etwas, aber es bleibt immer etwas Unangenehmes haften.

Ein Spruch an einem Mietshaus in der Stadt fällt mir dazu ein, und hier passt er hervorragend:

„Alles bedecken soll ein Haus, drum schwatzt was drin geschieht nicht aus."

Damit ist hier alles gesagt.

11.

Gedankensprung. Eine demenzkranke Frau beschuldigte mich einmal des Diebstahls. Ich konnte mir das Schmunzeln nicht verkneifen, als ich ihre Anschuldigung hörte. Es war so, ich bekam einen Arbeitsauftrag von ihr, ihr WC war defekt. Nach einer Terminabsprache reparierte ich den Mangel und alles war in Ordnung. Die Dame rief aber im Büro unserer Firma an und sagte, Herr Bauer habe ihre Zange gestohlen, die ein Andenken an ihren verstorbenen Mann gewesen war. Sie wisse auch warum ich das tat. Unsere Firma könne sich kein ordentliches Werkzeug leisten und deshalb muss der Hausmeister bei den Mietern zum Stehlen gehen. Naja, das Wort Diebstahl hat immer Wirkung und hinterlässt Spuren auf jedem Weg den du danach gehst. In diesem Fall war klar, bei der alten Dame stimmte etwas anderes nicht und die Zange war Nebensache. Was aber, wenn jemand dies mit Berechnung macht, ich meine einen anderen Menschen in eine sehr schwierige Situation damit bringt, weil er ihm bewusst schaden will?

Einem Kollegen von mir ist genau dies passiert, hier ging es um Geld. Er hatte ebenfalls einen Arbeitsauftrag und danach sagte der Mieter nicht ihm, sondern der Firmenleitung, „der Hausmeister hat mir Geld gestohlen". Es ging um einen hohen dreistelligen Betrag. Er hatte sich rechtfertigen müssen und beteuerte immer wieder seine Unschuld. Wie geht so etwas dann aus? Wie schaut es dann mit seinem Ruf in diesem kleinen Dorf, der Anlage, aus?

Hier war es so, dass der Mieter nicht der beste Freund

des Hausmeisters war. Aber und das kann ich auch nicht so ganz verstehen, irgendwann korrigierte er seinen Fehler. Ich gebrauche hier ganz bewusst das Wort korrigierte. Warum? Wenn mir ein Fehler leid tut, gestehe ich ihn ein und relativiere ihn nicht. Er rief eines Tages, nach Monaten, in unserer Firma an und sagte, er hätte das Geld unter einem Zeitungsstapel wieder gefunden. Der Hausmeister hatte während dieser Zeit fast resigniert und es waren für ihn keine guten Arbeitstage. So schnell kann eine Situation viele Jahre gute Arbeit nichtig machen ohne dass du etwas dafür kannst.

12.

Manchmal kommen Menschen auf Ideen, auf die ich nie kommen würde. Es war wieder mal Fahrradaktion in unserer Wohnanlage. Im Klartext heißt das, wenn zu viel „Radlschrott" in den Fahrradständern steht, muss wieder Platz geschaffen werden. Ich selbst übersehe oft, dass schon wieder zu viele nicht mehr fahrbereite Räder in den Ständern stehen. Bis der Chef kommt und anmerkt, dass der Busch der aus dem Fahrrad wächst nicht erst seit gestern dasteht. Klar, hier sammelt ein Hausmeister keine Pluspunkte, weil diese Kritik mehr als berechtigt ist. Kommen wir zum Ablauf dieser Aktion. Es werden an den nicht mehr fahrtüchtigen Rädern Anhänger befestigt und eine Frist von mindestens vier Wochen angesetzt, in der das Rad zu reparieren oder zu entsorgen ist. Heute werden die Räder nach der Frist noch einmal ein paar Wochen eingelagert um sie dann erst endgültig zum Schrottplatz zu bringen. Damals war nach Ablauf der Frist das Einlagern kein Thema, die Räder wurden gleich zum Schrottplatz gebracht. Als ich die Räder auf einen Hänger warf, fiel mir eine Mieterin auf, die mir gespannt zuschaute, aber nichts sagte. Am Abend rief mich die Dame an und sagte ich hätte ihr Nostalgiefahrrad entsorgt und es hätte in Paris auf dem Flohmarkt viel Geld gebracht. Auf was Menschen alles kommen ist unergründlich für mich. Doch zeigt es wie kreativ Mieter sein können, man muss diese Gabe nur wecken.

Solche Aktionen werden seit nicht allzu langer Zeit sorgfältig protokolliert, fotografiert und mit der Polizei abgesprochen, sonst kommt man in Teufelsküche wie obiges zeigt.

13.

Beim Schreiben habe ich immer wieder Musiktitel im Kopf. Ich denke, ich weiß auch warum. Die Lieder die gesungen werden sind wie diese Geschichten, Lebenserfahrungen, Träume unerfüllt oder erfüllt, aber es ist immer etwas dabei, wo man sich wiederfinden kann. Mein Titel gerade eben ist: „Dieses ehrenwerte Haus" von Udo Jürgens.

Ehrenwerte Häuser, ehrenwerte Menschen, hier kann sich jeder seinen Teil denken. Schlimm für mich wird es, wenn ich in so einem Haus wohne und über die Nachbarschaft auch Freunde gewonnen habe und es aber manchmal anders kommt wie man denkt. Wie würden sie reagieren, wenn eines Tages die Polizei kommt, ihren Freund abholt und gleich in Untersuchungshaft steckt? Sie haben mit ihm und dessen Familie viel Freizeit, viele Abende, verbracht. Diese Geschichte beschäftigt mich nach vielen Jahren immer noch sehr und aufarbeiten konnte ich sie bis heute nicht. Ihm wurde Missbrauch bei seinem Stiefkind vorgeworfen und das in sehr vielen Fällen. Ich besuchte ihn in Untersuchungshaft und der Gang dahin war schwer. Waren sie schon mal in einem Gefängnis, so oder anders? Selbst als Besucher, so mein Gefühl, konnte ich kaum darin atmen und die Situation war mehr als nur beklemmend. Er sagte zu mir, nichts von der Anklage ist wahr und ich versuchte auf eigene Faust zu recherchieren, aber erfolglos. Es kam zur Verhandlung, ich war dabei. Nach Verlesung der Anklage wurden die Besucher ausgeschlossen.

Am Abend wurde im Fernsehen bekannt, dass er sich

schuldig bekannt hat. Die wirklichen Gründe dafür, ob es stimmte oder er nur sein Strafmaß mindern wollte, weiß ich bis heute nicht. Es gab in dieser Sache nie wieder ein Gespräch zwischen uns.

14.

In so einem Hausmeistergeschäft geht es aber auch nicht selten sehr lustig zu. Als ich meine ersten Wohnungsmodernisierungen hatte, war ich auf einmal nicht mehr Hausmeistereinzelkämpfer. Ich hatte oft für Jahre hindurch einen Haufen an Handwerkern um mich herum. Es ist sehr komfortabel, wenn du mal einen zweiten oder dritten Mann zum Tragen von schweren Gegenständen hast oder einfach in einem Gewerk den richtigen Fachmann gleich bei deiner Arbeit mit einspannen kannst. So habe ich auch in den Pausen richtig was gelernt, Watten zum Beispiel. Sicher hat der eine oder andere sein Bier getrunken, aber seine Leistung dennoch gebracht. Heute trinken die Handwerker während ihrer Arbeit so gut wie kein Bier mehr, Gesetz und Leistung verbieten dies. Das ist auch gut so, einen Mann musste ich einmal nach Hause schicken, es war bei einer Kesselauswechslung in einer Heizung. Er kam um halb acht und ab elf Uhr konnte er nicht mehr stehen, um 16 Uhr ist er dann mit dem Auto nach Hause gefahren. Ich sagte ihm, dass es so nicht geht, aber er machte weiter. So blieb mir keine andere Wahl als seinem Chef Bescheid zu geben, der der Situation ein Ende machte.

Am Ende einer Umbauphase kamen einige Arbeiter auf die Idee, dass wir ein Fest feiern könnten. Einer hatte einen großen Kupferkessel besorgt und machte Fischsuppe, andere stellten einen Grill auf und für Getränke wurde auch gut gesorgt. Alles wurde von den Arbeitern organisiert, die auf der Baustelle über Jahre ihre Arbeit verrichteten. Es war keine Feier die das Ende des Bauabschnittes besiegelte, es wurde ein

Zusammenhalt von Menschen verschiedenster Länder gefeiert. Die Arbeit und nicht eine bestimmte Religion oder ein Gefühl von Nationalität war es, die uns zusammenbrachte.

Solche Momente sind selten und so schön, dass ich sie nicht vergesse. Die Sache ist doch die, alles wird in unserer Zeit geregelt, dokumentiert und dabei wird Verantwortung gerne auf den nächst Kleineren abgegeben. Sich mal etwas trauen, was richtig und wichtig ist, ebenso einfach mal etwas feiern, ob es dem Chef gefällt oder nicht, geht meist nicht mehr. Irgendeiner hat immer ein Argument dagegen. Ich hatte ganz offiziell nach der Beendigung eines dreijährigen Umbaus nachgefragt, ob wir für die Handwerker etwas machen könnten, für die Arbeiter meine ich und nicht für deren Chefs. Ich will mir und Ihnen die Ausführung warum so etwas nicht geht ersparen, aber sie sind in unserer Zeit rechtlich kaum möglich, war so ungefähr die Antwort dazu.

Wenn ich die Möglichkeit hätte die Entwicklung der Arbeitswelt mit ihren teilweise absurden Vorschriften zu verlangsamen, würde ich es tun. Vieles was einen Menschen ausmacht, was wichtig ist, um ein angenehmes Arbeitsleben zu haben, wird für etwas zerstört, wobei ich nicht weiß, ob es das wirklich wert ist. Jeder redet, es ist in jedem Beruf so und jeder redet von Stress und von Burnout, für mich ist es eine Entwicklung, die oftmals mehr schadet als Nutzen bringt.

Auch bin ich der Meinung, dass vieles hausgemacht

ist. Nicht jeder Unternehmer muss auf diesen Zug aufspringen, es gibt immer noch den gesunden Menschenverstand, den man nicht für jeden Blödsinn opfern muss. Wie gesagt, dies ist meine Meinung und ich weiß auch, eine Firmenleitung muss anders denken, aber ich nicht.

15.

Feiern ist sowieso so eine Sache. Hat mal jemand Geburtstag und macht hier in der Anlage etwas mit Freunden und Nachbarn, gibt's immer einen, der dies kaputt machen will. „Herr Bauer die Musik ist so laut", es ist noch nicht mal 22 Uhr, aber die Mietervorschriften in der Hand, wird beim Nachbarn auf die Einhaltung dieser hingewiesen. Zum Wohle aller Mitbewohner ist es richtig und wichtig sich an die Regeln des Zusammenlebens in der Gemeinschaft zu halten. Der Mensch neigt aber zum Übertreiben, beim Feiern oft genauso wie beim Maßregeln. In unserer Anlage waren früher die Mieter im Hof und spielten Tischtennis, ausgestorben ist dies, weil das Verständnis für solche Aktivitäten bei anderen Mietern langsam verkümmert. Die einen hatten Kinder die im Hof spielten und alles war in Ordnung, kaum sind aber die Kinder groß, hat man für andere kein Verständnis mehr.

Spielplätze sind eines meiner Lieblingsthemen, ein Spielplatz ist immer ein Brennpunkt in einer Anlage. Unser Unternehmen ist sehr bemüht schöne Aufenthaltsorte für die Kinder zu schaffen und lässt sich dies auch einiges kosten. Die Firma hat es aber bis jetzt noch nicht geschafft einen schalldichten Spielplatz zu bauen. Meine Idee wäre es ja, den Spielplatz unter die Erde zu verlegen und mit Tageslichtlampen zu versehen. Ok, es sollte auch anders möglich sein. Klar, Kinder ohne Kontrolle gehen einem sehr oft auf die Nerven und Kontrolle der Eltern ist ein Wunschgedanke, den jeder sofort vergessen kann. Es gibt Kinder denen kannst du sagen was du willst, eine Mülltonne hört besser zu und ich denke sogar die Mülltonne hat mehr Verständnis für die Argumentation eines Hausmeisters. Schlimm wird es, wenn die Eltern, meistens sind es die Mütter, mit ihren Kindern am Spielplatz sind. Schlimm warum? Es ist so, die Kinder tollen herum und die Mütter sind mit sich selbst beschäftigt, ihre Welt ist dann sehr klein. Sie ist so klein, dass der Mieter, der 15 Meter weit weg auf seinem Balkon die Sonne ein wenig genießen will, gar nicht vorhanden ist. Ein Konflikt bahnt sich an. Verständnis für den Nächsten gibt es hier nie und ich meine wirklich nie. Ein gutes Klima in einer Wohnanlage hängt sehr stark davon ab, wie tolerant der Nächste ist. Gibt es aber überhaupt eine Möglichkeit solche Situationen in den Griff zu bekommen? Ich meine es ist sehr schwer. Unsere Firma hat versucht dies anzugehen. Sie bestellten Eltern und anliegende Mieter zu einem Vorortgespräch, eine Diskussion sollte entstehen, Lösungen zu einem besseren Miteinander gefunden werden. Für mich waren das gute Ansätze, jetzt mein „Aber" dazu, es hat nichts gebracht. Es ist klar für jeden Mangel muss es Abhilfe geben, da aber auch der Gesetzgeber hier sehr schwache Ansätze in der Gesetzgebung vorgibt, wird es immer bei der Toleranz und dem Verständnis des Einzelnen bleiben.

Ein Junge ging vor mir des Weges und warf seine Getränkedose einfach weg. Ein Vorgang der in einer Wohnanlage völlig normal ist. Ich sprach ihn an, forderte ihn auf, die Dose wieder aufzuheben. Er schaute mich mit großen Augen an und hob die Dose wieder auf. Einen Tag später ging sein Vater vor mir. Er hatte seine Post in der Hand, las sie und warf sie über die

Schulter direkt vor meine Füße. Dass sein Sohn meine Sprache nicht verstehen konnte erkannte ich nun, weil sein Vater das gleiche Problem hatte. Es waren Deutsche, der Vater Beamter, aber vielleicht lag das Missverständnis auch an meinem bayerischen Dialekt.

16.

Die Zeiten haben sich aber wirklich dramatisch geändert, früher kam einer mit einer roten Backe daher, weil er sich mit einem anderen Kind geprügelt hatte, heute wollen sich kleine Kinder umbringen und versuchen es dann auch wirklich. So geschehen stellte ich einen Jungen zur Rede, weil er einen dicken Ast abriss. Ich fragte ihn, in verständlicher Jugendsprache, ob er noch ganz sauber ist. Er, mit Tränen in den Augen, „ich weiß, ich bin verrückt und bringe jetzt das Mädchen um." Beide so um die 7 Jahre alt und ich mit meinem Latein am Ende.

Ich nahm den Jungen an die Hand und ging mit ihm zu seinen Eltern. Die Mutter öffnete die Türe und ohne dass ich meinen Satz zu Ende gesprochen hatte, holte sie aus und wollte ihren Jungen schlagen. Es bedurfte wenig Worte um das zu verhindern. Geändert hat sich in dieser Familie sicher nichts, es lebe die Zukunft der Deutschen. Nicht, dass dies keine Deutschen waren, hier geht es um die Zukunft und wie diese Kinder aufwachsen, ein Teil unserer Gesellschaft werden und sich dann auch so verhalten.

17.

Kommen wir zum Handwerk zurück. Ein Handwerk hat man gelernt und beherrscht es oder auch nicht. In unserer Wohnbaugesellschaft sind Instandhaltungsmaßnahmen an der Tagesordnung und bewährte Firmen arbeiten schon teilweise jahrzehntelang für uns. Doch gehört es sich und es ist auch eine von vielen Vorschriften die eine Genossenschaft beachten muss, dass Ausschreibungen gemacht werden. So geschehen bekam eine neue Dachdeckerfirma einen Auftrag, ein neues Dach zu bauen, vier Eingänge überspannend und somit kein kleiner Auftrag für diese Firma.

Meine Aufgabe ist es auch ab und zu den Fortschritt der Arbeiten zu kontrollieren. Das Dach wurde in Windeseile gebaut, allerdings war die Kommunikation zwischen den Handwerkern und mir sehr schwierig. Es waren durch die Bank Arbeiter die der deutschen Sprache nicht mächtig waren. Eines Tages fiel mir auf, dass keine Dachfenster eingebaut wurden und ich versuchte dies dem Vorarbeiter mitzuteilen. Es gelang mir nicht, er verstand einfach kein Wort Deutsch. Ich rief also in unserer Firma an, aber mein Vorgesetzter war im Urlaub und so richtig hat mich auch hier keiner verstanden. Dann halt nicht dachte ich und beließ es erstmal dabei. Immer freitags kam der Firmenleiter der Dachdeckerfirma und ich fragte ihn, wo denn die Dachfenster sind. Den Rest kann sich jeder denken, das Dach wurde an verschiedenen Stellen wieder aufgemacht und die Fenster montiert. Falls hier jemand auf den Gedanken kommt, dass dies selten vorkommt, den muss ich enttäuschen, gute Arbeit wird seltener und ist die Ausnahme der Regel geworden, und nicht umgekehrt.

•

Ich will von ein paar Arbeiten von Handwerkern erzählen, die ich im Laufe meines Berufslebens erlebt habe. Ein Heizkörper war durchgerostet und musste erneuert werden. Es ist keine große Arbeit dies umzusetzen. Der Installateur machte sich an die Arbeit und ein paar Tage später rief mich der Mieter an und sagte, er könne sich einfach nicht an den neuen Heizkörper gewöhnen.

Was ich in diesem Moment dachte, behalte ich besser für mich, schaute mir aber den neuen Heizkörper an. Ich hatte sehr viel Verständnis für den Mieter bekommen. Es war nicht die Heizung, nein, es waren die Heizungsleitungen. Der Handwerker legte diese um den Heizkörper herum und es schaute aus, als hätte die Heizung noch ganz andere Funktionen. Ich habe mir den Chef der Installationsfirma kommen lassen und er konnte diese Arbeit auch nicht verstehen. Der Monteur wurde dazu geholt und sollte dies nun in seiner Freizeit richtigstellen, was der Arbeiter aber nur machen wollte, wenn er es als Überstunden angerechnet bekam. Mir war es egal, es wurde gemacht und der Mieter hatte wieder ein Schlafzimmer mit einer vernünftigen Heizung. Die Überstunden bekam der Monteur nicht bezahlt und war auch nicht mehr lange in seiner Firma beschäftigt.

•

Ein Bodenleger verlegte einen PVC so, dass der Abstand zwischen Sockelleiste und PVC über einen Zentimeter betrug. Der Mieter holte mich, mit den Worten „was ist das für ein Scheiß", zum Begutachten. Nachdem ich mich selbst davon überzeugte, musste ich dem Mieter recht geben. Ich rief den Bodenleger an und seine Worte waren klar „das haben wir gleich." Er nahm seine Silikonspritze heraus und wollte den ganzen Raum zwischen Boden und Leiste verfugen. Es war die letzte Arbeit, die er bei uns verrichtet hatte.

•

Ein riesiges Loch im neu verlegten Parkett, mitten in einem Wohnzimmer, wollte man mir als natürlichen Wasserriss verkaufen, Natur halt. Auch diesen Bodenleger habe ich kommen lassen und er verfüllte das Loch mit Wachs. Beim nächsten Hausputz, war das Wachs weg und das Loch wieder da. Der Bodenleger war danach nicht wieder in unserem Unternehmen tätig.

•

Hauswände werden zeitgemäß immer häufiger mit Dämmplatten isoliert, so auch bei uns. Eine Ewigkeitsbaustelle entstand mitten in einem sehr heißen Sommer: Alle Fenster wurden mit Folien versiegelt. Es war unerträglich warm in den Wohnungen. Die Baustelle zog sich, weil die Handwerker im Sommer immer mehrere Aufträge gleichzeitig in Angriff nehmen und deshalb auch nur alle paar Tage auf unserer Baustelle erschienen. Irgendwann, als endlich alles fertig war, bemerkte ich kleine Risse in den neuen Wänden und meldete dies in unserer Firma. Erst ein wenig belächelt, stellte danach ein Gutachter fest, dass die Wand wieder runter und neu gemacht werden musste. Wir hatten Glück, es war nun nicht mehr so heiß und was sind schon ein paar Monate mit Folien an den Fenstern, wenn es doch nun nicht mehr so heiß war.

•

Im gleichen Block, wir reden von 75 Wohnungen, wurden an den Balkonen Betonsanierungen durchgeführt. Auch die Balkonabläufe wurden im gleichen Zuge erneuert. Mir fiel auf, dass die Abläufe kürzer waren als die alten. Teilweise waren pro Balkon drei Abläufe im Beton eingebaut worden. Es war Sommer, ein trockener dazu, aber das Wetter schlägt auch mal um und die Mieter um sich. Der erste rief an, er könne nicht mehr Fernsehschauen weil das Wasser, das auf das Alublech der Brüstung tropft so laut sei, wie wenn jemand auf eine Trommel schlägt. Die Brüstungsbleche hätte man als Instrumente mit eigenartigem Rhythmus hernehmen können. Diesmal kam ich ins Spiel, „Herr Bauer was können wir hier machen?" Und ich hatte eine Idee. Ich besorgte 200 Alurohre die an beiden Seiten im 45 Gradwinkel geschnitten werden mussten und länger waren als die alten. Eine Woche hatte ich mit der Hebebühne gebraucht um diese anzubringen. Unnötige Arbeit, weil einfach vorher nicht richtig nachgedacht wurde.

Bei dieser Arbeit bekam eine Mieterin fast einen Herzinfarkt wegen mir. Die Hebebühne ging elektrisch und war im Gebrauch nicht laut. Ich musste ja von außen an die Abläufe gelangen und dies ging nur mit der Bühne. Also, an einem Haus irgendwann im vierten Stock angekommen, sonnte sich eine Mieterin oben ohne auf ihrem Balkon. Ich begrüßte sie noch höflich und sie sprang auf und gegen die geschlossene Balkontüre.

Mir war wirklich nicht bewusst, dass ich auch in solche Situationen kommen könnte. Ich hab dann bei der Dame geklingelt, an der Haustüre natürlich, um mich für diese peinliche Situation zu entschuldigen. Als sie die Tür geöffnet hatte, musste sie nur lachen, sie sagte mir, die Situation war es nicht, die sie erschreckt hatte. Ihr war es einfach noch nie passiert, dass sie im vierten Stock außen vom Balkon begrüßt wurde.

18.

Ich wechsle gerne die Themen, ich bin auch kein Kapiteljunkie, ich kann es einfach nicht anders. Ich habe dieses Buch so angefangen wie ich bin, immer ein wenig durcheinander, alles Erlebte auf der Zunge und es irgendwie weitergeben wollend. Sprünge die ich beim Schreiben mache sind keine Absicht, strukturiert sein etwas ganz anderes, aber es ist ein ehrliches Buch von jemandem geschrieben, der es nicht besser kann.

Wir Handwerker sind vor Ort, unser Arbeitsplatz als Hausmeister ist richtig mitten drin. Die Fäden des Ganzen werden aber in einem Büro gezogen. Ein Hausmeister bekommt einen Beschluss des Vorgesetzten eben vorgesetzt. Was er tun muss und was beschlossen worden ist, diesen Gedanken will ich aufgreifen, weil er mir sehr am Herzen liegt und ich werde an anderer Stelle noch einmal genauer darauf eingehen.

Das ist es, was ich mit strukturiertem Denken und Schreiben meine. Gedankensprünge sind meiner Meinung nach auch dazu da, um verständlich zu machen, dass es sich hier bei meinen Zeilen um ein ganz komplexes Thema handelt, das nicht einfach zu verstehen ist. Umso mehr wird auch klar, dass dieser Beruf nicht einfach nur ein Beruf ist, um damit nur sein Geld zu verdienen. Es ist ein Buch das um Verständnis bittet und zwar Verständnis für unseren Stand und Verständnis dafür wie ich hier schreibe.

Es ist für mich wichtig zu sagen, dass gerade wir Handwerker vor Ort unseren Arbeitsplatz oft besser kennen als irgendein Architekt, Bauleiter oder der Chef selbst.

Wo wird dieses Wissen, unsere Erfahrung genutzt? Ich sag es ihnen, ich weiß es nicht so richtig und wenn überhaupt, dann ganz selten.

19.

Die Spezies Hausmeister ist ja Dienstleister. Manchmal überschätzt ein Mieter aber diese Dienstleistungen, er ist auch im Beruf noch Mensch. Menschen sind verschieden, aber ab einer gewissen Ekelgrenze doch wieder gleich. Ich wurde wegen eines defekten WC's gerufen und als ich kam, kam es mir hoch. Ich sagte zu dem Herrn, aus Afrika kommend, wenn er das komplette Bad einschließlich des stillen Örtchens desinfiziert hat, kann er mir Bescheid geben, dann komme ich wieder und fang zum Arbeiten an. Tat er nicht. Zwei Jahre später bekam ich wieder von diesem Herrn einen Arbeitsauftrag, sein Waschbecken sei kaputt. Ich ging also wieder zu ihm. Ja das Waschbecken hatte ein Loch mitten drin so groß wie ein Suppenteller. Ein Putzeimer fing unten das Wasser auf, welches er anschließend in sein immer noch, bitte entschuldigen Sie meine Wortwahl, „verschissenes" WC schüttete. Unverrichteter Dinge ging ich wieder, warum, weil ich auch in meinem Beruf noch Mensch bin, und auch sein will.

Es ist aber auch schon schwer sich in die Psyche von Menschen bzw. Mietern zu versetzen. Ich habe Mieter, die beim wöchentlichen Sonntagsputz alle Sockelleisten in der Wohnung wegschrauben, um dahinter sauber zu machen. Eine Mieterin bekam sie nicht mehr hin und ich sollte sie wieder anschrauben, hier sind meine und natürliche Grenzen erreicht. Ich müsste diesen Beruf wahrscheinlich noch hundert Jahre ausüben, würde aber dennoch nicht wissen, was ist ein „normaler Mieter" und was ist übertrieben. Nur den richtigen „Saubär", den erkenne ich sofort und ohne Brille. Der eine schraubt beim Putzen die Sockelleisten weg und beim anderen bleibst am Boden vor Dreck kleben. Genau da komme ich zur nächsten Mietergeschichte.

20.

Ein Kollege rief mich eines Tages an und seine Worte waren zunächst unverständlich für mich, er trinke die nächste Zeit keine Cola mehr. Man muss dazu sagen, Coca Cola war zu 90 Prozent seine Flüssigkeitsnahrung. Hier machte ich mir schon Sorgen, aber mehr Sorgen noch um seinen Verstand. Er hatte eine Wohnung geöffnet und das Wort Schrecken musste für ihn danach neu definiert werden. Ein Mieter, Beamter seines Standes, hatte ein defektes WC. Nur irgendwie, warum weiß keiner so genau, meldete er diesen Mangel nicht bei seinem Hausmeister. Er begann feinsäuberlich seine Bedürfnisse in Flaschen und Gläsern, in einfach jedem Gefäß das er finden konnte, zu sammeln. Das ging so weit, dass selbst die Badewanne vollgemacht wurde. An den Tag kam dieser Saustall erst, weil die Mieter dieses Hauses den strengen Geruch der aus der Wohnung kam, nicht mehr aushielten. Ein Saugwagen dessen Aufgabe es eigentlich war, verstopfte Kanäle frei zu machen, kam hier schließlich zum Einsatz. Zweiter Stock, Saugwagen für Fäkalienentsorgung einer Mietswohnung, das war Premiere für mich. Warum fragte ich mich und danach meinen Kollegen, war sein erster Satz am Telefon, dass er keine Cola mehr trinke. Klar, es waren viele, viele Flaschen Cola mit, naja etwas anderem gefüllt worden und er hatte Angst irgendwann so eine Flasche abzubekommen.

In Bayern würd ma soagn „da machst was mit."

21.

Bei uns wurde der Hausmeister auch schon mal damit beauftragt eine Wohnung zu räumen. Als ich die Wohnung öffnete war der begehbare Boden einen halben Meter höher als normal. Ein Chaos an Müll und eben auch was scheinbar gar nicht so selten ist, allem was ein Mensch so im Stoffwechsel verliert, machten den Höhenunterschied aus. Ein Kollege und ich gingen auf Schatzsuche und mir wurde immer übler dabei. Eine Tüte von noch Brauchbarem hatte ich eigentlich schon beisammen, aber der Moment kam, wo ich alles an die Wand knallte und nur noch dachte, nix wie raus hier. Es war die erste und letzte Wohnung die ich räumen wollte. Es kam anders, aber diese blieb mir besonders im Gedächtnis. Nach Jahren traf ich einen Gerichtsvollzieher und wir unterhielten uns über die schlimmsten Wohnungen die wir gesehen hatten. Sie werden es nicht glauben, aber diese hatten wir beide unabhängig voneinander angesprochen. Er erzählte mir dann noch, es handelte sich um eine Dame, sie hatte zwei Wohnungen, die eine am Romanplatz in einer guten Gegend, die Wohnung war todschick und zwei Kilometer weiter weg eben dieses stinkende Loch.
Sie war schizophren und lebte zwei Leben. Heute denke ich mir, der eine oder andere hat das auch, nur nicht so auffällig ausgeprägt wie diese Dame.

22.

Massenmörder, Selbstmörder, Bankräuber, so was ist mir berufsbedingt nicht unbekannt. Ich denke, ich fange mal mit dem Bankräuber an. Immer wieder Mittwoch vormittags wurde auf der Bank gegenüber unserer Anlage Geld abgehoben. Das ist ja ein banküblich normaler Vorgang, nur hatte dieser Herr kein Konto auf der Bank, dafür aber eine Pistole in der Hand. Es war eine ganz unschöne Sache, da sich der Mann immer eine Geisel, die er dann am Hals packte, nahm und so das Geld erpresst hatte. Er war danach immer wieder ganz schnell weg und alles Suchen der Polizei verlief sich im Sand. Wieder ein Mittwoch, wahrscheinlich hatte er da einfach am meisten Zeit gehabt, wiederholte sich der Vorgang aufs Neue. Diesmal hatte er Pech, ein Sicherheitspaket war in den Geldscheinen platziert worden und es platzte vor seiner Eingangstüre. Seine Wohnung war in der Anlage die ich betreute. Der Hauseingang war nun nicht mehr gelb sondern rosa.

Da wurde ein „Hallo" daraus, Polizei, Sondereinsatzkräfte, einfach alles was eine Pistole halten konnte, war auf einmal da. Ich bekam einen Anruf von der Einsatzleitung und sollte kommen, um die Örtlichkeiten zu beschreiben. Das Kommen für mich war gar nicht so einfach, weil mich die Polizisten verständlicherweise nicht zum Ort des Geschehens durchlassen wollten. Nachdem ich den Beamten erklärt hatte, dass ich nicht zum Schauen da bin, sondern gerufen wurde, konnte ich dem Einsatzleiter die diversen Fragen, die er hatte, beantworten.

Danach wollten sie direkt loslegen, ich merkte aber

noch an, dass es so vielleicht nicht ganz so gut ist was sie da machten. Warum, fragte der Polizist. Ich sagte ihm, wenn sie jetzt jede Türe aufmachen, fällt mit Sicherheit die Dame im Parterre links tot um. Sie hatte schwer Asthma und war sehr alt noch dazu und ich sah Polizei ohne Ende, aber keinen Rettungswagen. Es war wirklich so, die waren noch gar nicht in Sicht. Danach ging alles sehr schnell, der Bankräuber gab sofort auf und wurde verhaftet und kein Mieter trug einen Schaden davon. Er hatte nun eine Unterkunft bekommen, die er nicht mehr bezahlen musste, sein Essen dazu. Den Schaden den er aber zurückließ, der war nicht zu bezahlen. An der Kasse in der Bank war eine junge Aushilfskraft, die es nicht mehr schaffte in den Beruf zurückzufinden. Eine Geisel die er genommen hatte war erst kurz zuvor an den Bandscheiben operiert worden und hatte nun zudem noch einen Schock erlitten.

Sie werden vielleicht jetzt schon feststellen, dass dieser Beruf mehr Abwechslung bietet als wenn jemand Tag für Tag in einem Büro sitzt oder ein anderer zum Beispiel jeden Tag Brezen oder Brot bäckt.

23.

Machen wir mal einen Sprung zum Lebensanfang und im Speziellen zur häuslichen Geburt. Ganz ehrlich ich hab zwei Kinder und wäre nie auf den Gedanken gekommen und meine Frau auch nicht, den Kindern das Licht der Welt zu Hause erblicken zu lassen. Dies ist doch eine Errungenschaft der Moderne, dass es Gebäude und Personal dazu gibt, dies eben nicht zuhause machen zu müssen. Man nennt es Krankenhaus und Hebammen, die einem hier helfen. Ein alternatives, oder sollte ich sagen naives Pärchen, hatte es sich aber in den Kopf gesetzt ihr erstes Kind in der eigenen Wohnung zur Welt zu bringen. Es ist gut gegangen. Früher wäre ich derjenige gewesen, den man belächelt hätte, war es doch damals gang und gebe, sein Kind Zuhause zu entbinden. Aber ist es notwendig alle Errungenschaften der Moderne auszuhebeln und ins Mittelalter zurückzukehren, für mich nicht. Die Familie hat nur kurz bei uns gewohnt und so weiß ich leider auch nicht was aus dem Jungen geworden ist.

Hätte ich dasselbe bei meinem Sohn gemacht, wäre er nicht mehr am Leben, die Nabelschnur hatte sich zweimal um seinen Hals gelegt und selbst im Krankenhaus war es kurz vor knapp.

24.

Ältere Menschen sind, wenn sie körperliche Gebrechen bekommen nicht mehr so aktiv wie jüngere. Dies liegt einfach in der Natur des Menschen. Die Gewohnheiten ändern sich. Wenn sie früher viel unterwegs waren, verlegt sich vieles nun in ihre vier Wände. Die eine fängt als Hobby an Tauben zu füttern. (So bekam ich schon mal das Futter an den Kopf geschmissen.) Andere sehen viel mehr Fern als vorher. Tauben füttern ist nicht gut, die Tiere verursachen da, wo sie sind, sehr viel gefährlichen Dreck und so manche Taube habe ich schon aus der Dachrinne geholt, weil das Regenwasser nicht mehr ablaufen konnte.

Schlimm wird's aber dann und das ist bei vielen Dingen so, wenn das Hobby fast schon fanatisch ausgeübt wird. So habe ich einige Mieter die ihre Näpfe für die Vögel in einer nicht mehr „normalen Anzahl" verteilen.

Hier hilft selbst die Androhung auf Kündigung nichts, ihre Tierliebe findet immer Wege und es ist in diesem Fall eine falsche. Im Vergleich zum Fernsehschauen ist Taubenfüttern ein Hobby, das jedem Hausmeister und Verwaltungsangestellten nur ein müdes Lächeln auf die Lippen zaubern lässt. Beim Fernsehen aber vergeht dem Hausmeister jedes Lachen. Geht einmal das Gerät nicht, ist es aus mit jeder Ruhe, hier könnte man sich an die Wand stellen und so mancher Mieter würde dich erschießen, ohne Reue und ohne Gnade.

Ich weiß von was ich gerade schreibe. Geht das warme Wasser oder die Heizung im Winter nicht, ist es am Telefon auszuhalten, geht der Fernseher nicht solltest du das Telefon weglegen und am besten in den Urlaub fahren. Um neun Uhr früh klingelt das Telefon und man wird beschimpft, weil die Dame ihre tägliche Soap nicht sehen kann. Was ist denn los, warum geht der Fernseher nicht, so fängt es meist harmlos an, wenn du dann sagst du weißt es nicht, ist es aus.

Wenn du es weißt und es hat einen Grund für den du nichts kannst, solltest du überlegen, ob du das dann sagst. Der TV muss immer gehen, er kommt vor der Mutter, dem Vater und in jedem Fall vor dem lieben Gott. Alle diese Personen kommen immer nach Günther Jauch und allem anderen das sonst noch so im TV läuft. Mietminderung ist hier ein geflügeltes Wort, sonst hör ich davon eher selten. Geht der Strom mal nicht und du weißt, es liegt an den Stadtwerken und du erklärst das einem Mieter der dich danach frägt, ist die erste Frage, wann geht er wieder. Ich bin nicht Gott, ich bin Hausmeister und kein Hellseher würde ich dann gerne sagen, aber mir kann jeder alles sagen, aber ich nicht jedem das, was ich gerade denke.

Ganz spitz formuliert, geht der Strom und damit verbunden der Fernseher nicht, geht der IQ eines Mieters gegen Null, wenn ich dieses Null relativieren soll, dann ist es die Geduld, welche auf Null fällt.

Falls Sie diese Zeilen gerne lesen, habe ich eine gute Nachricht, es gibt noch viele Geschichten, falls sie die Zeilen nicht gut finden, haben Sie eh schon aufgehört zu lesen.

25.

Ich denke, ich komme jetzt mal auf ein Thema, auf das ich durch Zufall gestoßen bin, zu sprechen. Es kam ein Buch heraus über einen gewissen Eichhorn, der eine Zeit lang dadurch wieder in aller Munde war.

Im Roman „Kalteis" wurden die Taten eines Frauenmörders geschildert. Es war die Geschichte eines jungen Mannes, der wirklich gelebt hatte - in unserer Wohnanlage. Die Serie begann 1928, ihm wurden 5 Morde und 90 Vergewaltigungen nachgewiesen. Tatsächlich dürften seine Sittlichkeitsverbrechen die Zahl 100 weit überschritten haben. 1939 beobachteten Passanten in Aubing, wie er ein zwölf Jahre altes Mädchen überfiel. Der Polizei sagte er nach seiner Verhaftung am 20. Januar 1939, er sei ein wildes Tier. Im Dezember 1939 starb er in Stadelheim durch das Fallbeil.

Zwei meiner älteren Mieterinnen erzählten mir bereits vor vielen Jahren über ihn. Als ich das Buch las, sah ich vor mir, wie er nicht nur hier vor Ort zuschlug, sondern halb München mit dem Fahrrad querte, um auch oft in den Isarauen seine Opfer zu suchen. Ich denke sehr oft quer und das kommt mir dann weniger oft zugute, besonders beim Schreiben. Dieses Querdenken hat aber auch Vorteile, meine Perspektive ist oft eine andere und sie kann damit positiv oder auch negativ bereichern. Dabei handelte es sich von außen betrachtet um einen ganz normalen Familienvater, der mit Frau und seinen zwei Kindern in einer kleinen Wohnung in unserer Anlage wohnte. Hier hat jemand anderes die Zeche bezahlt, nämlich die Familie des Mörders. Nachdem alles herausgekommen war zog seine Familie aus der Anlage weg. Weit weg sind sie nicht gezogen, sie lebten unter einem anderen Namen in einem kleinen Häuschen in Aubing.

Es ist eine traurige Geschichte und ich denk fast immer wenn ich an seiner ehemaligen Wohnung vorbeigehe oder schlimmer noch, wenn ich darin etwas zu tun habe, an diesen Mann. Hier lebten nun neue Mieter und ich denke von ihnen ahnt keiner etwas von ihrem traurig berühmten Vormieter. Wer alles mit einem unterm Dach wohnt, oder wohnte, das weiß man selten.

26.

Langeweile gibt es in diesem Beruf so gut wie nie. Ein Mieter sagte einmal zu mir, ich habe sie schon lange nicht mehr gesehen und dachte sie arbeiten gar nicht mehr hier. Das war ein falscher Gedanke von ihm und ich entgegnete: „Ich bin nur zu schnell für Ihre Augen." Selten sag ich zu einem Mieter was ich denke, aber manchmal geht's nicht anders.

Da ich Elektriker gelernt habe, ist mir Leistung ein Begriff. Leistung definiert sich aus Arbeit mal Weg durch Zeit. Dieses Prinzip versuche ich als Hausmeister auch umzusetzen. Da ich alle Arbeit die anfällt selbst erledigen muss, würde es für mich keinen Sinn machen hier nur meine Zeit abzusitzen. Ein Freund von mir definiert eine Arbeit so „die Stunden bringen's Geld". Auch eine Möglichkeit seine Arbeit zu sehen.

Ich überlege gerade, was Sie noch interessieren könnte und muss mich hier selbst zensieren. Hausmeister und unerfüllte Träume von Hausfrauen. Ich könnte gerade und tu es auch, lachen ohne Ende. Also ich schaue gut aus und auch wenn nicht, schaue ich trotzdem gut aus, weil, egal wer anders von sich denkt, hat ein größeres Problem als ich. Ein wenig Selbstbewusstsein, das jeder in einem gewissen Maß haben sollte ist ok. Bei mir ist es schon ein wenig anders, weil ich gerne überall der Beste sein will, manchmal jedenfalls. Also kommen wir mal zu den Mieterinnen. Eines Tages ging ich meines Weges, wie ich dies an jedem Arbeitstag tue. Schwupp hatte ich auf einmal etwas auf meinem Kopf gespürt und wollte den Hadern gleich entsorgen. Beim näheren Betrachten des Gegenstandes änderte ich jedoch meine Meinung, es war ein kleines Höschen. Ich schaute sofort die Hauswand hoch und sah ein offenes Fenster. Nun neugierig geworden ging ich also die Treppen nach oben und klingelte an der Türe. Ein sehr ansehnliches junges Fräulein öffnete mir völlig unbekleidet die Tür. Ganz höflich sagte ich ihr sie hätte gerade etwas verloren. Dieses junge Mädchen bat mich daraufhin direkt in ihre Wohnung. Nein ich ging nicht hinein, ich merkte auch, dass mit ihr etwas nicht stimmte. War es Alkohol, waren es Drogen, ich konnte es nicht sagen, nur dass diese Situation nicht normal war. Viele Jahre später, das junge Fräulein war schon lange nicht mehr in unserer Wohnanlage, erfuhr ich von ihrer Mutter, die auch Mieterin bei uns war, dass ihre Tochter an Drogen gestorben sei. Die Geschichte mit den 10 Gramm Stoff auf meinem Kopf werde ich aber nie vergessen.

Im Übrigen kommt es gar nicht so selten vor, dass Damen mal mehr oder weniger bekleidet den Handwerkern die Türe öffnen.

Bleiben wir beim Thema Frauen als Mieter, jetzt werden mich einige ganz schrecklich finden, aber Fakt ist, Frauen als Mieter mit Problemen in der Wohnung, sind penetrant nervig. Wenige Männer toppen dies, aber auch hier gibt's Ausnahmen, ein Beispiel möchte ich nun gerne loswerden. Loswerden deshalb, weil wenn einer mit einem Spiegel vom Zahnarzt eine Verschraubung, die er nie im Leben sehen kann, überprüft und mir dann in der Tiefgarage nachläuft, wegen eines Kratzers an der Verschraubung, dann wird's schlimm.

Ich hatte hier echt nur die Möglichkeit mit der kleinen Wasserpumpenzange die Verschraubung dicht zu bekommen, dachte ich. Er, Feinmechaniker, belehrte mich, dass es auch anders ginge. Er sollte im Grunde Recht behalten, irgendwie habe ich dazu gelernt, wie so oft im Leben. Wenn das Licht angeht soll alles schön sein, auch wenn du selbst blind bist, dachte ich mir aber trotzdem. Meine Frau sagt oft, dass ich böse bin und ich möchte dich als Mieter nicht anrufen. Völliger Schwachsinn ist das, aber es kann schon nervig sein und man kann auch nicht immer alles schlucken, was einem gesagt wird. Auf Aktion folgt meist eine Reaktion.

27.

Kommen wir zu Fakten. Hausmeister, zumindest wie ich sie heute kenne, arbeiten ihre Zeit ab und machen alles so wie der Arbeitgeber es vorgibt. Wäre ich ein Büromensch, wäre es vielleicht auch in einem gewissen Rahmen richtig so. Ich bin aber kein Angestellter in einem Büro, der vielleicht mal mehr Akten auf dem Tisch hat und diese Arbeiten erledigen muss oder erledigen will. Bei uns geht es sehr oft um Situationen, die nicht selten schnell gehändelt werden müssen. Diese können aus einer Not entstanden sein oder aus einem Bedürfnis, ohne reale Berechtigung, sondern eher aus subjektivem Verlangen. Also muss ich in diesen Fällen selbst entscheiden, ob es nun eine Notwendigkeit ist oder einfach nur Blödsinn. Es ist hier nicht leicht, leicht hat es nur der, der nicht erreichbar ist und sich dieser Verantwortung dadurch komplett entzieht.

Was will ich damit sagen? Ich arbeite nicht nur gerne, sondern lebe auch meine Arbeit. Es ist auch eine Art von Erfüllung, die nicht alle in ihrem Beruf erleben. Man verbringt so viel Zeit mit arbeiten und diese Zeit sollte nicht nur dem Zweck des Geldverdienens dienen. Dadurch, dass ich auch manchmal zu oft erreichbar bin, habe ich aber auch schon Menschen in meiner Anlage das Leben gerettet und das nicht nur einmal. Ich höre sehr oft von meiner Frau, du bist in deiner Freizeit und nicht in der Arbeit, aber ich entscheide auch für mich selbst, ob ich das tun will oder nicht. Doch kommt es auch nicht selten vor, dass ich mir denke für was das alles.

Diese Gedanken kommen mir immer dann, wenn es

ungerecht wird. Wenn ich schnell handeln muss und ich eine Wohnung aufmache und dann nicht selten auch viel Ärger bekomme. Für mich ist es aber eine Form der Menschlichkeit und des Charakters in der Arbeit Dinge zu tun, die nicht unbedingt in meiner Arbeitsbeschreibung stehen. Der Dank den man dadurch oft bekommt, ist eben auch der Titel dieses Buches.

28.

Ich schreibe jetzt über eine ältere Dame. Ich war in meiner Gartenlaube und wollte meinen Holzboden neu lackieren bis ich einen Anruf bekam. Es war Samstagvormittag. Wie so oft bin ich halt dann doch ans Telefon gegangen. Ein junger Mann, wie sich später herausstellte, hatte mich angerufen, weil aus einer Wohnung schwarzer Qualm kam. Ich sagte ihm, er solle sofort die Feuerwehr anrufen, was er aber nicht tun wollte, weil er irgendwie Angst davor hatte, hier einen Fehler zu machen. Tja, manche Köpfe ticken anders. Also ließ ich alles stehen und liegen und begab mich über die Werkstatt, um Werkzeug zu holen, zu der besagten Wohnung. Ich öffnete die Eingangstüre und schwarzer, beißender Qualm kam mir entgegen. Die Frau lag in der Küche und Essen war am Herd angebrannt. Es dauerte ein wenig bis ich die Frau aus der Wohnung gezogen hatte, die Feuerwehr die ich vorher angerufen hatte, hörte ich da auch schon mit ihren Sirenen. Einer der Sanitäter fragte mich wie es mir denn geht und ich sagte nur, alles in Ordnung. Mir war schlecht, aber ich wollte nicht gleich mit ins Krankenhaus und es legte sich auch bald wieder. Kommen wir noch mal zum Danke sagen zurück. Die Angehörigen hatten es wohl nicht nötig, die Frau lebte nur noch ein paar Wochen und konnte es damit auch nicht tun. Es wäre schön gewesen für mich, aber wirklich wichtig für mich war, dass ich nicht weggeschaut hatte. Den Boden von meiner Laube musste ich noch einmal schleifen und eine Woche später neu lackieren.

Ein geflügeltes Wort in unserer Firma ist, die Anlage ist unsere Visitenkarte. Bei mir geht die Visitenkarte aber über ein wenig Dreck der am Boden liegt hinaus. Ich schaue nicht nur hin, ich helfe auch wenn ich kann.

•

In dieser Zeit hat mich mein damaliger Chef angesprochen, dass ich mein Telefon in der Freizeit ausschalten sollte. Also, wie sag ich das jetzt schonend ohne jemandem auf den Fuß zu treten. Er hat schon recht damit, aber, ja es gibt viele aber, wir Hausmeister haben zum Beispiel Residenzpflicht. Was heißt das nun so genau? Wir wohnen vor Ort und ich habe Familie, soll ich nicht ans Handy gehen, und warten bis jemand zuhause privat anruft oder an der Haustüre klingelt und dann lange Diskussionen führen, ob ich nun im Dienst bin oder nicht. Da ich vor Ort wohne habe ich den für mich einfacheren Weg gewählt und gehe ans Handy.

Hier entscheide dann auch ich was ich tue oder nicht. In den Jahren habe ich auch gemerkt, dass jemand nur dann anruft, wenn es wirklich brennt und den anderen habe ich erklärt, dass sie nicht alles machen können, was sie gerade im Kopf haben. Ein Mieter sieht den Hausmeister nicht als normal arbeitenden Menschen, der geregelte Arbeitszeiten hat, er hat halt immer und zu jeder Zeit da zu sein. Klar sieht er uns auch ständig, am Tag, am Abend und am Wochenende, aber ich wohne schließlich auch da.

29.

Geld ist auch ein gutes Thema. Ich könnte mich totlachen, wenn ich nicht meine Rente erreichen wollte. Nach fast dreißig Jahren in der Firma wollte ich einmal eine Gehaltserhöhung, also nicht die, die alle paar Jahre mal wegen irgendwelchen Gewerkschaftsverhandlungen kommen und nicht so sehr ins Gewicht fallen. Nach einer Terminvereinbarung mit der Geschäftsleitung war nun der Tag gekommen und wir saßen an einem Tisch und redeten darüber. Mein Chef hatte meine Personalakte bereits gelesen und sagte, da steht nichts drin. Ich denke er meinte damit, es steht nichts drin, was mich interessieren könnte und für ihn auch nichts bewegendes. Ein Umstand der für einen verdeckten Ermittler genial wäre, aber für einen, der unauffällig seine Arbeit verrichtet, ein Desaster. So ist meine Interpretation davon, weil so gut wie nie krank, auch mal mit Fieber in die Arbeit gehen, bringt keinen Eintrag in eine Personalakte. Meine Motivation dafür dieses Gespräch zu suchen, war natürlich das Ziel ein wenig mehr Geld zu bekommen. Aber dazu brachten mich auch die Aussagen einiger Kollegen, die das schon öfter gemacht hatten. Das hieß für mich, wer arbeitet und nie was fordert, bekommt auch nie etwas, weil ein Chef in den seltensten Fällen auch mal einen Mitarbeiter fragt: „Wollens nicht mal mehr Geld bekommen?" Das Gespräch, jetzt rede ich mal im Krankenhausjargon, ging den Umständen entsprechend gut aus.

•

Dass ich, subjektiv gesehen, auch ab und zu mal eine

Würdigung der Firma in Form von höherem Gehalt verdiene, will ich nun einmal transparenter machen und muss ein wenig dazu ausholen. Ich habe zwei kluge und gut geratene Kinder. Mein Sohn hat in der Bank gelernt und ist am Wochenende zum Studieren an die Uni gegangen und das waren ein paar Jahre. Meine Tochter ist Architektin mit Masterabschluss und hat darunter auch ein Jahr in Frankreich studiert. Der Vater ist Hausmeister, wollte aber auch immer ein Vorbild sein, aber nicht nur als Erzeuger der Kinder, sondern in Punkto Bildung. Ehrgeizig bin ich ja auch, aber in den Jahren bequemer geworden, als ich es eigentlich sein möchte. Eines nachts konnte ich nicht richtig schlafen und versuchte eine Beschreibung von mir zu finden. Ich hatte sie sehr schnell. „Ich habe keine(n) Laster, ich hab eine ganze Spedition." Also wollte ich auch mal wieder was tun, um nicht nur mir, sondern auch meinen Kindern und meiner Frau zu zeigen, ich kann nicht nur dumm daherreden.

•

Ich meldete mich bei der Handwerkskammer an und bekam, mehr meinem Mundwerk geschuldet, als den geforderten Gründen, Ingenieur, Architekt oder langjähriger Meister in einem Gewerk zu sein, eine Sonderzulassung für die Fortbildungsprüfung als Fachwirt für Gebäudemanagement. Da denkt man, man macht alles richtig und hat eine blendende Idee und dann kommt's über einen. Meine Frau hatte einige Gegenargumente. Du bist Monate am Wochenende nicht da und hast mal geschaut was das alles kostet und weißt eigentlich wie alt du bist. Ja das wusste ich, obwohl ich mir Daten nicht so gut merken kann. Dann kam mein damaliger Chef dazu, „Herr Bauer, das passt mir gar nicht, sie sind Hausmeister, und qualifizieren sich über ihren Beruf hinaus." Dieses Argument war in meinen Augen so schwachsinnig, dass ich jetzt unbedingt den Fachwirt machen und auch bestehen wollte. Kann mir irgendwer sagen warum ein Mitarbeiter, in egal welcher Firma, sich nicht über den Tellerrand hinaus qualifizieren und interessieren sollte? Hier ist mein Verstand nicht konform mit den Gedanken meines damaligen Chefs gewesen. Das einzige was ich verstanden hatte, diese Menschen haben Angst einen Mitarbeiter zu verlieren und das ist falsch. Mitarbeiter können motiviert und auch in andere Arbeiten integriert werden, zum Wohle der eigenen Firma. Bei meinem Chef ging es soweit, dass er mir den Tag für die mündliche Prüfung nicht freigeben wollte, weil an diesem Tag Winterdienst für mich war. Nie krank, immer da und so einen Tag bekommt man nicht frei. Ich machte dennoch meine Prüfung und bestand sie auch gut. Diese fünf Monate wollte ich auch nicht missen, ich habe viele Menschen, die aus den verschiedensten Motivationen heraus diese Fortbildung machten, kennengelernt. Mir hat diese Zeit auch sehr viel gebracht, in jeder Hinsicht. Es ist nicht nur so, dass man viel dazu lernt, vielmehr ist es auch die Disziplin zu haben, es durchzustehen. Mit 49 Jahren wieder zum Lernen beginnen, wie ein Schulbub. Am Wochenende gehen die anderen Freunde auf ein Bier und du in die Schule. Zuhause angekommen musst die Inhalte des Wochenendes noch in dein Hirn bekommen, besonders hart.

Deshalb und jetzt komm ich darauf zurück, hab ich es, subjektiv gesehen, auch mal verdient um eine Gehaltserhöhung zu bitten. Im Übrigen hat mein Chef meinen Fachwirt nicht in die Personalakte mit eingepflegt, könnte ja sein, dass hier nicht alles drin stehen muss.

Eines ist mir hier an dieser Stelle sehr wichtig mitzuteilen. Es könnte ab und zu so sein, als erwecke ich den Eindruck, dass ich pausenlos Kritik an meiner Firma und manchen Mietern üben möchte. Es ist aber das Gegenteil der Fall, ich arbeite in dieser Firma so gerne, dass ich mich auseinandersetze mit dem, was ich jeden Tag mache und erfahre. Eine innerliche Kündigung gibt's für mich nicht, wenn es so wäre, würde ich dies schriftlich machen. Ich mag Menschen nicht, die in einer Firma ihr Geld verdienen, unzufrieden sind und dann sagen, dann mach ich halt meine Arbeit anders. Das anders bedeutet, dann mach ich halt öfter krank oder mache Dienst nach Vorschrift. Das ist für mich innerliche Kündigung und nicht der richtige Weg sich mit der Firma auseinanderzusetzen.

30.

Auch Hausmeister haben ein Leben nach der Arbeit auch wenn dies so mancher Mieter nicht verstehen kann. Drei Hobbys habe ich, die ich sehr gerne mache. Fangen wir mit dem mir untypischsten an. Ich bin zweiter Vorstand eines Rassekaninchenzuchtvereins. Ja, wenn ich das lese bekomme ich selber Angst. Ich kann organisieren, alles, außer mich selbst. Ich bin gesellig, was aber allein noch nicht ausreicht, um Vorstand zu werden. Ich habe relativ wenig Ahnung von Kaninchen und dies wird mir auch immer wieder bestätigt, weiß nur, dass ein Kaninchen-Leberkäse ein Gedicht ist. Mein Spruch ist immer, und den mögen die Züchter überhaupt nicht gerne hören, „ein gutes Kaninchen ist ein schweres Kaninchen." Also der Grund warum man mich als Vorstand bestehen lässt, wird wohl doch mein Organisationstalent sein.

Außerdem bin ich Vorstand einer Gartengenossenschaft und das hat wirklich etwas und ist ziemlich einmalig. Drei Leute kamen auf den Gedanken eine Gartengenossenschaft zu gründen, aus der Not heraus geboren. Ein sehr großes Grundstück mitten in Aubing mit 33.000 qm sollte einer Wohnlandschaft weichen. Seit über hundert Jahren war das eine Garten- und eben auch Rassekaninchenzuchtanlage. Es sollte, wie so viele Gartenanlagen in München, verwertet werden. Alles was Grund und Boden ist wird bebaut, gewachsene Strukturen anders geartet, werden im Moment dem Wohnraum untergeordnet. Ich denke, das geht so weit, bis alle Kultur irgendwann vernichtet ist und man auf den Gedanken kommt, man müsste aus alten Genen Dinosaurier zurück züchten. Zuerst wird platt gemacht, um Menschen mit aller Gewalt unterzubringen und dann sieht man so geht's auch nicht gut. Hier den Humor zu behalten fordert sogar mich.

Ich weiß noch ganz genau, wie die Idee zum Kauf zustande gekommen ist, aber keiner hatte damals auch nur ansatzweise die damit verbundenen nachfolgenden Arbeiten auf dem Plan. Für die Anlage und die Menschen, die ihre Gärten behalten konnten war es ein Segen, für die Vorstände viel Verantwortung und eine große Herausforderung und das jeden Tag aufs Neue. Das Ganze ist ein Unternehmen, ein Unternehmen das die Verantwortlichen in ihrer Freizeit in voller Verantwortung und ohne Gehalt führen. Der Zeitaufwand der hier nötig ist, stellt jeden Nebenjob in den Schatten.

Wie Sie vielleicht nicht wissen, male ich auch und jetzt schreibe ich sogar etwas. Etwas deshalb, weil ich selbst nicht sagen kann, ist es ein Buch, sind es Geschichten oder eine Aufarbeitung meiner Psyche. In jedem Fall mache ich aber Dinge, die für mich wichtig sind, auch um meinen Beruf gut machen zu können. Alles greift ineinander wie Zahnräder und das Gesamte macht dann den einzelnen Menschen aus.

31.

Ich komme mal wieder auf unsere Firma zurück. Nicht jeder Tag ist auch ein Arbeitstag. Wir haben etwas, was heute immer mehr abgebaut wird. Wir haben alle zwei Jahre einen Betriebsausflug, Weihnachtsfeiern und gehen auf die Wies'n. An diesen Tagen ist der Hausmeister auf einmal nicht mehr alleine und kann sich mit Kollegen austauschen. Es wird fast immer, auch wenn sich jeder vornimmt das nicht zu tun, über die Arbeit geredet. Ich persönlich mag das sehr, weil ich merke, jeder erlebt in diesem Beruf Dinge, die in einer anderen Arbeit so nicht vorkommen und man ist damit nicht alleine. Ich würde mich freuen, für mich und alle Kollegen und auch für alle die nach uns kommen, dass diese Traditionen beibehalten werden und nicht einer Effizienzsberechnung zum Opfer fallen.

•

Zurück zu den Hausmeistergeschichten. Ein Mieter zahlte seine Miete nicht mehr und es kam wie es eben kommen musste. Der Gerichtsvollzieher stand vor der Türe. Stopp, der steht nicht einfach so vor der Türe. In Deutschland sind diese behördlichen Maßnahmen ganz genau geregelt. Es wird zu allerletzt ein Termin festgelegt wann der Beamte kommt, samt Möbelwagen und Helfer. Punkt acht Uhr ist Punkt acht Uhr, nicht vorher und nicht nachher. Bei diesem Termin war es acht Uhr und die Wohnung wurde nach mehrmaligem klingeln und keiner Reaktion darauf, vom Schlüsseldienst geöffnet. In der Küche dampfte noch der heiße Kaffee. Eine Drei-Zimmer-Wohnung war es, mit vielen Betten und Fernsehern darin. Alles wurde von den Männern eingepackt und zu einer Aufbewahrungsstelle gebracht, wirklich alles, sogar Müll. Also Müll in meinen Augen. Irgendwann am späten Nachmittag sah ich einen Mann, der mit einem Hammer in der Hand auf mich zulief. Ich lief dann auch, aber nicht in seine Richtung. Es bedurfte mehrerer Personen, um mit dem Mann reden zu können, ich kannte ihn nicht einmal. Der Grund für sein Handeln war mir dann klar geworden. Er war einer von vielen Untermietern der geräumten Wohnung. Der Hauptmieter, der auch die Post bekam, hatte ihn und noch viele andere in seiner Wohnung untergebracht. Er hatte von allen Untermietern die Miete sechs Monate im Voraus kassiert und gleichzeitig aber an unser Unternehmen keine Miete überwiesen. Sie zahlten im Verhältnis zur eigentlichen Miete einen sehr hohen Betrag. Die Gewinnspanne für den Betrüger war dadurch enorm.

Komm ich wieder zu dem speziellen Treffen zurück, Der Untermieter hatte von den Nachbarn gehört, dass der Hausmeister die Wohnung räumen ließ. Der fehlende Fernseher war in diesem Moment sein größtes Problem, dass er jetzt keinen Schlafplatz mehr hatte, begriff er aber dann auch ganz schnell. Man kann wirklich die Abgründe sehen, die manche Menschen an den Tag legen. Lebte doch der Betrüger mit all den Menschen die er abgezogen hatte zusammen in einer Wohnung.

Die Sache mit dem Untervermieten kommt immer häufiger vor. Die Gründe dafür kann man sich denken, es ist das Geld das fehlt und dazu kommt der allgemeine Wohnungsmangel. Es wird für Hausbesitzer und Hausverwaltungen immer mehr ein Thema, Lösungen für diesen Mangel zu finden.

Einen aktuellen Fall in dieser Hinsicht erlebe ich gerade immer noch. Jemand mietete eine Wohnung an, zog ein und nach einiger Zeit wieder aus. Er und nicht unsere Firma vermietete aber die Wohnung weiter und er machte das nicht nur einmal so. Irgendwann kam in unserer Firma keine Miete mehr an und es kam wie es kommen musste, es ging seinen behördlichen Gang.

In diesem Fall war der erste Mieter ins Ausland gezogen und entzog sich so unseren Behörden. Ich weiß nicht mehr wie lange genau, aber es war über ein Jahr lang, in dem die Wohnung nicht geöffnet werden durfte und ihr Dreck darin schon Füße bekam. Ein Traum für einen Vermieter, ein Alptraum. Stellen Sie sich vor, es ist Ihr Eigentum und Sie haben Raten für die Wohnung zu bezahlen und haben jetzt keine Miete mehr, aber dafür noch die Nebenkosten am Hals. Hier braucht es ein gutes Geldpolster, um nicht selbst Pleite zu gehen. Wenn sich dann endlich alles geregelt hat, hat man noch die Räumung und die Renovierung dazu.

32.

Die ersten Schneeflocken fallen vom Himmel und es freut sich jeder, außer der Hausmeister der Winterdienst verrichten muss. Diese Jahreszeit ist doch nur für Kinder, Sportler und Menschen die in überhitzten Büros arbeiten, schön. Für mich ist die Jahreszeit aus beruflichen Gründen nicht der Burner. Bedeutet es doch, nie lange schlafen zu können, immer wieder aus dem Fenster zu schauen und Verantwortung für etwas zu haben, das ein wenig willkürlich vom Himmel fällt. Du bist auf einmal für betrunkene Musiker, die anstatt ins Horn zu blasen kräftig am Glas saugen, genauso verantwortlich, wie für die Mutti die mit 60 Jahren plus mit Stöckelschuhen ums Eck rauscht und einen Flieger dabei macht. Es ist wirklich schwierig für uns Winterdienstleister, nicht die Arbeit ist es, sondern die Mieter, die sich auf die Badesaison einstellen können aber nicht auf zwei Schneeflocken die vom Himmel fallen. Das Beste ist dann, keiner ist schuld, nur der Hausmeister, er räumt schlecht, gar nicht oder zu spät, in jedem Fall macht er es nicht richtig. Einmal sind zu viele Kieselsteine auf dem Trottoir, dann zu wenige, aber wie gesagt passen tut's nie.

Im Winter kommen manche Menschen auf Ideen, die man oft einfach nicht verstehen kann. Oder würden Sie um 7 Uhr morgens bei Blitzeis in Hausschuhen Ihren Müll wegbringen? So geschehen war die Folge ein Oberschenkelhalsbruch und die Polizei an meiner Türe, ich war nur nicht da, weil ich in der Arbeit war.

Ein Hausmeister hat in einer größeren Anlage in der er den Winterdienst betreut, bei einem Unfall immer zuerst einmal schlechte Karten. Es ist auch schlecht geregelt, wir als Hausmeister sollten so manchen in diesen Tagen besser an der Haustüre abholen, und an der Hand haltend zu seinem Auto oder dem Bus bringen. Ich hatte eine Mieterin die es bis zu ihrem Auto geschafft hatte, beim Einstecken des Schlüssels ins Türschloss ist sie aber ausgerutscht und brach sich die Hand. Vielleicht sollte ich doch auch ein wenig Splitt unter die Autos werfen.

Weil ich vorher schon bei Hausschuhen als winteruntauglichem Schuhwerk war, noch eine Geschichte dazu. Eine Dame holte, so fußbekleidet, ihre Tageszeitung außerhalb der Wohnanlage und war vor dem Zeitungskasten ausgerutscht. Ich hatte das zufällig gesehen als ich gerade mit dem Auto auf dem Weg ins Büro war. Dort angekommen hatte schon ein Angehöriger angerufen, dass die Dame in der Anlage ausgerutscht sei, weil ich schlecht gestreut hätte. Nicht schon genug damit, dass man eh jedem alles recht machen will, wird man auch manchmal noch so gelinkt und für etwas beschuldigt, für das man nichts kann. Durch einen zweiten Zeugen war die Sache für mich schnell erledigt, mein Ärger aber blieb zurück.

•

Wir Hausmeister dienen im Winter gerne als Sündenbock, auch wenn wir für ein bestimmtes Gelände gar nicht verantwortlich sind. Ich bin einmal von der Polizei geweckt worden, wohlgemerkt als ich meinen Winterdienst erledigt hatte und ich nochmal eine Stunde schlafen wollte. Sie wollten alle Angaben von mir haben und ich fragte worum es denn hier eigentlich gehe. Schnell wurde klar, sie suchten den Hausmeister der für die andere Straßenseite verantwortlich war und scheinbar schlecht gestreut hatte. Ich sagte ihnen sie sollen weitersuchen ich bin dort nicht zuständig und schickte die Beamten weiter.

•

Ein Schulmädchen hatte einmal den super Gedanken schlechthin. Sie stand hinter einem Mülltonnenhaus und ich räumte gerade die Straße neben diesem. Ein paar Meter bevor ich es erreichte sprang sie auf die Straße, um mich zu erschrecken. Was ihr gut gelang. Ich konnte noch an ihr vorbeirutschen und fuhr gegen eine Hauswand. Ihr ist nichts passiert, ich war nun richtig wach und der Traktor schaute nicht mehr so gut aus. Ich hätte niemandem erklären wollen warum ich ein kleines Mädchen über den Haufen gefahren hatte und wie es dazu gekommen war. Du verlierst in jedem Fall, bin ich der Meinung und schlecht würde es dir danach auch gehen. Man kann anderer Meinung sein, aber ich denke hier wird viel zu viel Verantwortung auf den Dienstleister gelegt, bemüht sein langt hier nicht und zeig mir den, der seinen Winterdienst zu den geforderten Hundertprozent erfüllen kann.

Die gesetzlichen Schneeräumzeiten sind auch ein Thema. Hält man sich genau an diese Zeiten gibt es auch wieder Konflikte. Bis zu einer gewissen Uhrzeit müssen Wege geräumt und gestreut sein, ist die Anlage groß ist der Druck groß. Fängt man zu früh an um damit fertig zu werden, kommt der Mieter mit dem Satz ob ich wahnsinnig bin, er will noch schlafen. Ich denke bei mir in der Anlage läuft das ganz gut und es hat damit zu tun, dass Kompromisse gefunden worden sind und die Räumzeiten eingehalten werden. Dies geht aber nur, wenn man auch die Gewohnheiten der Mieter nach den Jahren kennenlernt und dementsprechend seine Arbeitsgewohnheiten danach richtet.

33.

Noch ein Wort zum Winter. An Weihnachten werden bei uns viele Christbäume schwedisch entsorgt. Sie werden vom Balkon geworfen und ein paar davon bleiben mir dann übrig um sie zu entsorgen. Schuld daran ist eine schwedische Möbelfirma, die es in der Werbung vorgemacht hat, sie hat nur vergessen zu zeigen was man danach mit den Bäumen macht.

Da liebe ich doch die Sommer, die so heiß sind, dass das Gras nicht mehr wächst.

Versicherungstechnisch ist der Winter sehr anstrengend und ich bin immer froh, wenn ich den Traktor wieder auf Sommer umrüsten kann. Es gibt dennoch ein „Aber", der Winter ist vorbei und du denkst alles ist gut gelaufen und niemand ist so ausgerutscht, dass ein Versicherungsfall entstanden ist. Das denkt man und mitten im Hochsommer kommt dann eine Schadensmeldung einer Versicherung daher und man soll sich für etwas rechtfertigen, wovon man gar nichts weiß. Im ersten Moment dachte ich, vielleicht ist er im Winter so hart auf den Kopf gefallen und das Bewusstsein kam erst im August wieder. Es muss so gewesen sein, eine andere Theorie habe ich jedenfalls nicht. Womit manche aber nicht rechnen ist die Tatsache, dass wir verpflichtet sind ein Räum- und Streubuch zu führen, um einen Nachweis der getanen Arbeit zu haben. Dieses Buch führt ein Winterdienstleister sehr gerne, ist es doch in manchen Fällen seine Versicherung.

Es steht allerdings nicht darin, dass vor einem Auto auf einem Parkplatz mal ein kleiner Schneehaufen war. Im August bekam ich einmal eine Beschwerde eines Mieters, über einen Schneehaufen den er damals im Winter dort gesehen hatte. Es musste ein sehr langer Winter gewesen sein, ohne Licht und er hat wohl einigen Menschen fast schon den Verstand geraubt, dachte ich.

Manch ein Kollege liebt den Winterdienst aber, bringt er doch Überstunden. Mir ist jeder Tag lieber, an dem ich nicht so früh aufstehen muss. So mancher Mieter sagt gerne den Satz zu mir und er ist bei einigen ein wenig sarkastisch gemeint, „Heuer haben Sie aber viel Glück gehabt, hat fast nicht geschneit." Dass du aber immer nachschauen musst, schlecht schläfst dabei und wie oft du wegen Glätte raus musst, das sieht er nicht. Diesen Mietern wünsche ich jeden Tag und das sieben Tage in der Woche, meinen Schlaf und meine und dann seine verdienten Überstunden.

34.

Kommen wir zum Titel dieses Buches und das könnten sehr viele sein, aber einen habe ich mir dann ausgesucht, weil er hausmeistertypisch ist wie kein anderer. „Einstweilen vielen Dank", ist er nicht schön? Ein Spruch könnte ihn fast noch toppen „weil ich Sie gerade sehe", der ist auch nicht schlecht. Meistens am Samstag beim Bäcker und es ist fast egal, wann ich zum Bäcker gehe, werde ich angesprochen. Ein guter Mieter ist auf diese Situation perfekt vorbereitet. Ich vor dem Tresen, ein Antippen an meiner Schulter gespürt, drehte mich um. „Herr Bauer, weil ich Sie gerade sehe, mein Siphon ist undicht, ich habe ihn zerlegt, aber er wird nicht mehr dicht." So ein Unglück dachte ich natürlich. Nein, war es nicht, der Mieter hatte in einer kleinen Tüte alle Muster dabei, die ich ihm dann besorgen sollte und gleich noch einen Termin parat, wann er denn Zeit hätte, damit ich ihn einbauen könnte. Residenzpflicht, du kommst nicht aus. Die Mieter im Allgemeinen sind schlauer als du, sie können sich auf Situationen einstellen, du, wie in diesem Fall, nicht.

Soll ich jetzt ausflippen, weil es eine Unverschämtheit ist oder soll ich es akzeptieren? Es kommt, sag ich einmal, auch hier, wie so oft auf meine Tagesform an, es gibt Situationen wo man nicht mehr alles schlucken kann, aber die Regel ist anders, weiß man ja, welchen Beruf man gewählt hat. Mein Humor hat in jedem Fall nicht darunter gelitten, es ist schon vorgekommen, dass ich einen Mieter mit den Worten anrief „weil ich Sie gerade höre" und aufgelegt habe mit den Worten „bis neulich." Man kann von Mietern und deren Eigenheiten viel lernen und zurückgeben. Ob es der eine oder andere versteht, ist eine andere Sache, aber wenn Sie diese Zeilen lesen, könnte es ja sein.

35.

Wir haben nun seit einem Jahr eine Putzfirma, die die sonst von den Mietern gemachte Hausreinigung übernimmt. Umstellungen jeglicher Art sind für Menschen im Allgemeinen anstrengend, auch dann, wenn ihnen Arbeit abgenommen wird. Bevor die Putzfirma engagiert wurde, konnten manche Mieter ihren Neigungen auf dem Gebiet, wie stelle ich meinem Nachbarn ein Bein, voll ausleben. Die eine versteckte im wahrsten Sinne des Wortes Kieselsteine, um zu beweisen, wie faul denn der Nachbar war. Ich muss dazu sagen, es war von allen Hauseingängen der, der am saubersten war. Die Dame rief mich regelmäßig an und zeigte mir die Steine, einfach nur irre. Der Nachbar, kein Deut besser, machte mit der Dame das gleiche Spielchen und so war eben der Hausgang immer wie geschleckt. Diese zwei Mieter waren der Garant für die anderen noch darin befindlichen Wohnungen und Mieter nie einen Lappen in die Hand nehmen zu müssen.

In anderen Häusern bildeten sich andere Sinnesgemeinschaften, nach dem Motto, von uns braucht keiner putzen, in meiner Wohnung schaut es schlimmer aus. Und keiner von denen beschwerte sich jemals bei mir. Nur mir fiel es auf, aber so geht's auch nicht.

Aber jetzt ist alles gut, wir haben ja die Putzfirma. Gut war dann aber gar nichts mehr. Im Gegenteil, es funktionierte nichts mehr. Wo einer mal den Lappen nahm, weil ihm etwas aufgefallen ist, ist es heute so, „ich weiß was Herr Hausmeister, die putzen nicht ordentlich und für was zahle ich dann eigentlich?" Der Einstieg für den Mieter, sich nicht mehr um den Teil des Hausordnungspunktes Putzen kümmern zu müssen, war sehr müßig. Die Putzfirma hat ein Leistungsverzeichnis bekommen, saublöd ist nur, dass der Dreck dieses nicht lesen kann, sonst würd er sich manchmal melden. Die Arbeit ist auch meistens so gut bezahlt, dass der Herr oder die Dame ihre Arbeit nach der Bezahlung verrichtet. Hier möchte ich sagen, es gibt sicher auch Putzleute denen ich Unrecht tue, nur ich habe diese bis dahin noch nicht kennengelernt. Es ist doch so, jedes Leistungsverzeichnis ist so gut wie der, der es umsetzt. Was nützt es mir, wenn das Fenster sauber ist und es ist aber gerade zum Putzen dran und irgendwo der Dreck liegt, aber der Ort kommt erst in einem Monat wieder an die Reihe? Hier muss ich aber wieder eine Lanze für die Putzleute brechen, wenn der Chef einer solchen Firma einen Auftrag für diese Arbeiten bekommt, aber die Anlage nur oberflächlich anschaut und sein Team nicht richtig schult, dann muss man einfach an einer anderen Stelle anfangen. Ich habe es selbst erlebt und den Firmenchef der Putzfirma angerufen und fragte ihn ob er nach der Ausschreibung auch die Speicher angeschaut hatte. Ihm waren diese kein Begriff, seine Worte waren, ist doch alles gleich.

Es dauerte noch lange und ich hatte inzwischen auch keine Geduld mehr, mich selbst in unserer Firma darüber zu äußern, bis sich aufgrund der vielen Mieterbeschwerden etwas änderte. Mir ging diese Zeit jedoch sehr auf die Nerven, weil ich die meisten Beschwerden abfangen musste und irgendwann am liebsten selbst den Lappen in die Hand genommen hätte, damit ich hier meine Ruhe bekommen hätte. Ein paar Mieter gingen sogar so weit, dass sie selbst wieder in ihrem Haus mit dem Putzen anfingen, obwohl sie ja, zwar nicht viel, aber dennoch Geld, für die neue Putzfirma zahlen mussten. Nach einem Wechsel der Putzleute, war wie von Geisterhand das Problem weggefegt. Die Neuen machen ihre Arbeit, so denke ich, gerne und das hat Auswirkungen auf die geleistete Arbeit. Wo ich vorher fast täglich Beschwerden hatte kommt gar nichts mehr und das ist eine Leistung, weil recht machen kann man es vielen nur sehr schwer, aber hier ging's scheinbar doch.

36.

Arbeiten die gemacht werden müssen, aber die man selbst nicht machen kann, sei es aus Zeitgründen oder weil es fachlich für mich gar nicht möglich ist, diese zu tun, werden bei uns an Fremdfirmen übergeben. Dies macht aber nur solange Sinn, wie diese geleistete Arbeit zufriedenstellend ausgeführt wird. Das Prinzip, die billigste Firma zu nehmen, macht nur dann Sinn, wenn man weiß, dass ihre Leistung darunter nicht leidet. Für mich hat dieser Weg aber sehr viele Felsen, die überwunden werden müssen. Wird doch eine Firma, die besonders günstig arbeitet, ihre Arbeiter nicht so gut bezahlen können, wenn ihre Gewinnspanne auch noch in Ordnung sein soll. Menschen, die gut bezahlt werden, arbeiten auf Dauer besser. Ok, das ist nicht bei jedem Manager so der Fall, aber unterm Strich wird sich das beweisen lassen. Motiviertes Arbeiten fängt bei der Bezahlung an und hört beim sich Wohlfühlen am Arbeitsplatz auf. Hier werde ich wohl mehr Zustimmung bekommen.

Für mich ist deshalb Benchmarking nicht immer der richtige Weg, um die richtige Firma für eine Arbeit zu finden. In Genossenschaften ist es Pflicht, mehrere Angebote einzuholen, um dann die geeignete Firma zu finden. Mein Verständnis hört aber dann auf, wenn ich Firmen, die zum Teil schon jahrzehntelang gute Leistung erbracht haben, durch ständiges Vergleichen mit anderen Firmen, demotiviere. Ein Architekt sagte zu einem Firmenchef: „Sie sind zu teuer." Dieser Umstand mag ja richtig sein, was dann folgte, aber sicher nicht. Der Firmenchef sagte daraufhin zum Architekten, er arbeite ausschließlich mit Fachpersonal und die meisten sind Deutsche. Der Architekt erwiderte daraufhin tatsächlich, er solle sich doch zum Beispiel Polen nehmen, die arbeiten billiger. Ja, da fängt es an und wo hören wir dann auf? Es kann nicht sein, dass nur der Preis und nicht der Verstand Arbeiten vergibt. Auch hier ist es so wie beim einfachen Arbeiter, Motivation entsteht bei der Bezahlung. Sich wohlfühlen und noch etwas kommt bei einem Firmenchef dazu, Sicherheit zu haben. Sicherheit in Form von Aufträgen und damit Sicherheit, seine Leute bezahlen zu können.

37.

Wie man vielleicht erkennen kann, ist der Beruf „Hausmeister" sehr umfangreich und wenn man ihn gerne macht, auch sehr anspruchsvoll und nicht nur in körperlicher Hinsicht. Ich will hier auch immer das Verständnis für diese Berufsgruppe wecken. Es ist nicht nur mein eigenes Interesse, es geht weit darüber hinaus, weil es viele Hausmeister gibt, die gleiches erleben und auch für die will ich schreiben. Um das Bild des Hausmeisters transparenter werden zu lassen, muss man auch den Wandel sehen, den dieser Beruf die letzten Jahre mitgemacht hat. Den Beruf gibt's schon sehr lange und im Grunde ist er auch von den jeweiligen Bedürfnissen, gleich geblieben. Nur die Umsetzung der Arbeiten haben sich grundlegend geändert. Jedes Jahr kommen neue Vorschriften, die eingehalten werden müssen dazu und manchmal denke ich, dass ich mit den Jahren zu einer Bürokraft geworden bin. Die letzten drei Jahre saß ich mehr am PC als die 30 Jahre davor zusammen. Jetzt kann ein Schlaumeier sagen, da gab es noch gar keinen PC. Das mag wohl stimmen aber es gab schon immer Büroarbeit und mit dem Siegeszug des PC's kam nur immer noch mehr Büroarbeit für uns dazu. Der Witz dabei ist nur, der Dreck vor der Haustüre ist dabei aber auch nicht weniger geworden und den muss ich trotzdem noch weg machen, aber wann denn? Effektives und effizientes Arbeiten lernt man, wenn die Arbeit immer mehr wird. Aber irgendwann ist Schluss damit, in ein volles Glas geht auch nicht mehr Flüssigkeit rein, als eben reinpasst. Haben Sie schon einmal darüber nachgedacht, ob Sie ihren Beruf, nachdem Sie ihn schon einige Zeit ausgeübt haben, noch einmal wählen würden? Wer nicht?

Dies ist sicherlich keine einfache Frage und ich denke die Antwort darauf fällt je nach Situation und Stimmungslage aus. Aber hin und wieder kommt mir doch der Gedanke, wie es gewesen wäre, hätte ich einen anderen Beruf ergriffen. Der Wandel und die damit meist steigenden Anforderungen die jeden Beruf die letzten Jahre ereilt hat, lassen solche Gedanken immer leichter zu.

38.

Kommen wir mal zu meinen Geschichten zurück. Ich ging in einen Sanitärhandel um WC-Deckel einzukaufen, zehn schwarze waren es. Es waren die letzten überhaupt, die ich in schwarz besorgt hatte, danach kam der Trend zu weißen Deckeln auf. Also mit diesen Deckeln unterm Arm ging ich zu meiner Werkstatt, kam aber nicht weit, als ich auf einen Mieter traf, der mich mit dem Spruch „weil ich Sie gerade sehe, könnten Sie mal bitte kurz zu mir kommen", abfing. Ich stellte also die Deckel im Hausgang ab und war für maximal zwei Minuten bei dem Mieter. Als ich wieder zurückkam, waren die schwarzen Deckel weg. Ich muss dazu sagen, mir wurde hier in der Wohnanlage noch nie etwas gestohlen und so hässliche Klobrillen, wer kann denn so etwas brauchen?

•

Lange Zeit hatte ich in unserer Firma den Spitznamen „handyman", nicht weil ich einer bin der viel telefoniert, nein aus einem anderen Grund. Ich schaffte es, ein Telefon nach dem anderen zu verlieren oder zu vernichten und das ohne Absicht. Dies ging so weit, dass ich deswegen ins Büro musste. Eines fiel mir von einem Hochhaus als ich mich vorbeugte um einem nicht schwindelfreien Arbeiter zu helfen. Beim Zuschauen wie es runterfiel, dachte ich schon, dass es nie unten ankommen wird oder hoffte es. Eines legte ich nach einem Gespräch auf den Traktor, fuhr einmal vorwärts, dann rückwärts, dann war es Schrott. Beim Duschen, nach einer staubigen Arbeit, legte ich es auf mein Handtuch neben der Dusche, wollte ich doch immer erreichbar sein. Ganz genau, ich nahm das Handtuch und das Handy fiel in die Dusche, bei der gerade das Wasser schlecht ablief, man könnte sagen es hatte nun einen Wasserschaden. Irgendwann konnte ich auch mit dem Handy in der Arbeit umgehen und wechsel dieses Teil schon seit Jahren nur noch, wenn in den vorgesehenen Intervallen ein neues kommt. Trotzdem, ich mag diese Dinger überhaupt nicht. Es gibt Situationen, wo ein Handy seine Berechtigung hat, aber sind wir doch einmal ehrlich, wie oft ist es ein Begleiter der uns völlig blöd macht, abhängig von dummen Gesprächen oder SMS, die keiner braucht.

39.

Bei gleichem Wohnungsbestand, hat sich in den letzten Jahren die Mitarbeiteranzahl verdoppelt. Warum sind wir früher mit so wenigen Mitarbeitern zurechtgekommen und brauchen jetzt so viele? Hier kann man mal darüber nachdenken. Die Arbeit wurde damals auch geleistet und ich hatte für mich das Gefühl, dass es stressfreier war. Ich denke, es gibt viele Ursachen dafür und nicht alle sind aus dem Grund geboren, dass es immer mehr Vorschriften gibt, die auch umgesetzt werden müssen.

Unsere Anlagen sind irgendwann einmal in die Jahre gekommen und hier muss man dann auch seine Hausaufgaben machen, in Form von Sanierungen aller Art und die sind auch gerade für die Mitarbeiter zeitaufwendig. Es entsteht immer mehr Verwaltungsaufwand, der mit einer kleinen Mannschaft nicht mehr zu bewältigen ist. Hinzu kommt auch, dass wir noch viele Häuser haben, die auf Erbpachtgrund stehen und dieser Grund sollte, wenn möglich in einer angemessenen Zeitspanne gekauft werden. Warum sage ich das hier an dieser Stelle? Nur durch gut sanierte Wohnungen ist es auch möglich, ein gutes Kreditvolumen zu bekommen und nur durch gut sanierte Wohnungen bekommt man auch angemessene Mieten um den Kredit wieder zurück bezahlen zu können. Wird dieser Kreislauf unterbrochen, kann es passieren, wie es in letzter Zeit schon bei anderen Unternehmen der Fall war, dass selbst ein Wohnungsunternehmen in die Insolvenz geht. Dies ist der eine Grund warum genügend Personal vorhanden sein muss um den Verwaltungsaufwand zu meistern. Dann kommen die für mich teilweise dummen Vorschriften diverser Behörden dazu, die alle beschäftigen, alle im Büro und uns Handwerker in den Anlagen. Hierzu ein Beispiel.

Für mich sollte der Hausmeister eine andere Berufsbezeichnung bekommen. Nicht schlecht wäre zum Beispiel Verkehrssicherungsmanager oder Fachkraft für alles, körperliche Tätigkeiten ausgeschlossen. Gut fände ich auch Elektronischer Besenschwinger ohne Besenberechtigungsschein. Warum finde ich all diese Berufsbezeichnungen besser als Hausmeister? In unserer soweit entwickelten Welt ist es schwer geworden, sich ohne Verletzung einer wieder irgendwo verankerten Vorschrift, legal zu bewegen. Wo man früher einfach eine kaputte Jalousie gewechselt hat, war man sich ja gar nicht um all der Gefahren bewusst, die dabei überall lauern. Gott sei Dank gibt es Menschen, deren Aufgabe es ist, uns auf diese Gefahren hinzuweisen. Ein Nichtelektriker, man stelle sich das vor, wechselt in einer Garage eine Leuchtstofflampe samt Starter dazu. Er ist sich in diesem Moment deren Gefahren nicht bewusst. Fängt der Schlamassel doch schon bei der TÜV geprüften Leiter an, die einer jährlichen Sichtprüfung mit Dokumentationspflicht bedarf. Sollte irgendwas an der Leiter nicht in Ordnung sein, kommt die Berufsgenossenschaft auf einen zu. Mal ganz ehrlich, Sicherheit am Arbeitsplatz, deren Notwendigkeit sollte man nicht unterschätzen, aber man kann alles übertreiben. Also zurück zur Leiter. Die Leiter ist in Ordnung, jetzt kommt der Akt sie richtig aufzustellen und dann hinauf mit dir. Halt, wie war das doch gleich wieder, Sprossenhöhe beachten, ok bis hierhin darf ich hinaufsteigen. Oben angelangt, fällt mir ein, als Nichtelektriker darf ich den Starter nicht wechseln, neue Vorschrift eben und die Jahre davor durfte ich es und lebe noch. Dann rufen wir halt den Elektriker an und geben die Verantwortung weiter. Ein Garagendach vom Laub zu befreien ohne Absturzsicherung geht zum Beispiel gar nicht mehr.

Darf ich eigentlich noch irgendetwas selber machen? Wenig, aber dabei alles dokumentieren, schreiben und alles absichern, den Chef und mich. Ich kann den Hausmeister in diesem Vorschriftennebel nur noch schwer erkennen. Vieles wird in dieser Sache übertrieben, um Anderen die sich über diese Vorschriften Gedanken machen, eine Daseinsberechtigung zu verschaffen. Omis schauen seit 90 Jahren aus ihrem Fenster, heute braucht man ab einer gewissen Mindesthöhe eine Absturzsicherung, damit sie nicht hinausfallen können.

Eine Kabeltrommel für den Außenbereich mit schwarzem Kabel geht zum Beispiel gar nicht mehr, obwohl sie allen technischen Anforderungen entspricht, die Farbe Schwarz stört. Damit kann sich die Firma neue kaufen. Eine Vorschrift finde ich aber gut, da sie praktisch ist. Sie hat aber leider nichts mit meiner Arbeit zu tun. Die geforderte Norm der EU, für die Biegung der Schlangengurken. Sie kann man jetzt im Kühlschrank besser unterbringen, in meinem Gewächshaus haben die Gurken aber leider noch nichts davon gehört.

40.

Eine Anmerkung noch zu meinem Schreiben im Allgemeinen. Meine Tochter sagt und ich denke sie wird hier nicht alleine sein, ich solle alles ein wenig mehr in Kapitel fassen. Und genau das hat sie nach dem Korrekturlesen wahrscheinlich auch getan. Zwei Dinge fallen mir hier besonders schwer. Das eine ist, ich schreibe gerne, habe aber nicht gelernt wie man ein Buch schreibt. Das andere ist, ich denke dadurch, dass ich immer wieder Mietergeschichten zwischen allem anderen was gerade in meinem Kopf spukt einbaue, macht es schwer eine wirklich gegliederte Buchstruktur zu finden. Aber ich hoffe, dass es die Mischung aus allem interessant macht, das Buch zu lesen. Wie immer, muss man einen Mittelweg finden, da ich diesen aber noch nicht gefunden habe, muss ich so weiter machen.

Was einem Hausmeister ebenso widerfährt wenn er schon lange im Dienst ist, ist das Aufwachsen der Kinder zu sehen. Irgendwann hat eine junge Familie Zuwachs bekommen. Ein Kind ist geboren. Man kann gar nicht schnell genug schauen, schon kommt dieses Kind in die Pubertät und nach den Sommerferien, kennst du es nicht mehr. Da sagt doch so einer „Hallo" zu dir und erst nach einer Überlegungspause kommst darauf wer das eigentlich war. Ich bin schon so lange dabei und habe erlebt, dass so einem Kind die Haare eher ausgefallen sind wie mir. Was ich damit auch sagen will, in diesem Beruf bist du so nahe an den Mietern und Familien dran, wie es selten in anderen Berufen der Fall ist. Du siehst Kinder aufwachsen, Menschen verlassen die Erde und du bist, egal wie nahe du Jemandem stehst, dabei. Hier in diesem Beruf schaust du zurück und die Zeit ist so schnell vergangen und du denkst dir, das war doch erst gestern und bei diesem Gedanken den du gerade hast, tickt die Uhr immer weiter.

41.

Das Fell am Buckel hab ich nicht und gewachsen ist es in meinen Berufsjahren auch nicht. Es ist der Umgang mit den vielen Situationen denen du ausgesetzt bist, der dich prägt, machen lässt oder wie so oft auch in diesem Beruf, kaputt macht. Aus meiner Sicht könnte so mancher Mieter auch einmal auf uns Rücksicht nehmen. Es gibt hier unter anderem Menschen, die nehmen sich so viel heraus und geben, in welcher Form auch immer, nichts zurück. Ich habe in meiner Anlage eine Handvoll Mieter, die meine Arbeit schätzen und damit meine ich nicht, weil sie auch einmal nach getaner Arbeit ein Trinkgeld geben. Damit meine ich Menschen, die Danke sagen können. So manches Mal möchte ich dem einen oder anderen sagen, wie rücksichtslos er ist. Oder fragen ob er beim Älterwerden, alles vergessen hat, was ein Miteinander und was Toleranz betrifft. Glauben Sie mir, es ist oft sehr schlimm, vieles einfach zu schlucken und im Grunde meines Herzens ist das auch alles andere was ich will, aber meine Erziehung und Toleranz anderen gegenüber ist scheinbar stärker. Eine meiner Lieblingssendungen war Hausmeister Krause. Bringt er doch vieles total übertrieben auf den Punkt. Es hätte ja auch eine Komödie über einen anderen Berufsstand werden können, aber unser Beruf bietet einfach so viel, dass man hier viel Unterhaltung in eine Serie bringen kann.

Der Grund dafür ist doch der, in diesem Beruf gibt es sehr viele soziale Komponenten, Charaktere die wiederum so viel Stoff bieten zur Unterhaltung. Wir haben als Mieter viele verschiedene Berufsschichten vereint, in der Arbeit der Chef oder der Staplerfahrer, zuhause alle gleich. Ich habe auch schon immer den einen oder anderen Herrn Doktor als Mieter in meiner Wohnanlage gehabt. Das Lustige daran ist, in der Arbeit ist Herr Doktor der Herr Doktor, zu Hause ist er so viel wie seine Frau oder die Kinder es zulassen. In einer Dokumentation hat ein schlauer Kopf herausgefunden, dass sich der IQ in einem Fußballstadion der Masse anpasst. Was könnte dies bedeuten? So genau kann ich es nicht sagen, aber eine Theorie habe ich dazu. In der Masse können wir uns verstecken, aber wenn wir am Arbeitsplatz gefordert werden und auch noch zu allem Stellung beziehen müssen, nicht. Bei mir ist es so, ich bekomme, selten, aber es kommt vor, anonyme Arbeitsaufträge, so in der Form, seit Monaten geht das Licht in diesem Haus nicht. Seit Monaten? Dies ist aus vielen Gründen eine Unverschämtheit für mich.

Nicht die Tatsache, dass die Lampe nicht brennt, dies kann schon mal vorkommen, aber maximal für ein paar Tage, nicht aber für Monate. Und dann noch die Art mir eine Arbeit anzuschaffen, anonym. Dies ist auch ein Verstecken in der Masse. Ein Mieter sagt mir schon seit Monaten, er wolle mit mir reden, warum sagt er aber nicht, als ich ihn fragte wann er den Zeit hätte, sagte er, jetzt nicht. Ich merke gerade etwas, mir juckt der Rücken, ich hoffe nicht, dass ich jetzt doch noch ein Fell auf dem Rücken bekomme.

42.

Mal wieder zum Entspannen eine Mietergeschichte. Ich ging eines Morgens durch die Wohnanlage und kam aus dem Staunen nicht mehr raus. Ein Kellerfenster nach dem anderen eingeschlagen und Scherben wohin man sah. Zum Schluss zählte ich sechs kaputte Fenster. Jeden den ich dazu fragte, antwortete: „Ich hab nichts gehört, ich hab auch nichts gesehen." Hier griff meine jahrzehntelange Erfahrung und ich klingelte bei ein paar Mietern, die in direkter Nähe wohnten und ich wusste denen entgeht schwer etwas. Also behauptete ich, dass die Kosten auf das Haus umgelegt werden, weil irgendwie muss der Schaden ja bezahlt werden.

Dass dies Schwachsinn war wusste ich, aber es half. Der eine sagte, das war der Junge von der Dicken im ersten Stock da drüben. Gut, ich hatte einen Anhaltspunkt und klingelte bei der beleibten Dame. Die Antwort der Dame war der Hammer, sie sagte einfach zu mir, wir sind versichert. Gibt's eine Versicherung für dumme Jungen oder meinte sie die Haftpflichtversicherung? Sie bekam später ihre Rechnung, aber nicht die für die Versicherung, sondern die für ihre Erziehung. Der Sohn hatte später eine staatliche Einrichtung besucht, die nicht in der Versicherungspolice eingeschlossen war.

Kinder sind sehr häufig der Spiegel ihrer Eltern, es ist nicht immer so, aber eine schlechte Erziehung bekommen diese Kinder nur sehr schwer wieder weg.

43.

Die Menschen die bei uns lebten, als ich hier anfing, waren ganz einfach und typisch für diese Zeit. Es waren ausschließlich deutsche Mieter hier, ich kann mich nur an einen Türken erinnern, der jetzt genauso lange hier wohnt wie ich. Eisenbahner, das kommt noch dazu, sind Beamte und im Grunde für einen Hausmeister ein Klientel, welches man sich nur wünschen konnte. Wie ich aber vorher schon geschrieben habe: Zeit ist kurzlebig und Änderungen kommen so schnell, dass du sie oft gar nicht bemerkst.

Ich kann es nicht in Zahlen sagen, wie viele Kulturen mittlerweile ihre Heimat hier in der Anlage haben, aber ich weiß über die Probleme, die sich daraus ergeben. Hier hat es nichts damit zu tun Deutscher zu sein, es hat damit zu tun, dass sich Spannungen aus nationalen Gründen auf Deutschland verlagern. Wenn ein Mieter zu mir sagt, in diesem Haus geht´s gar nicht, der eine ist Serbe, der andere Kroate und der Albaner kann mit dem und den anderen nicht, dann denke ich, ich bin im falschen Film. Wenn das so ist, sollen sie doch alle zu Hause bleiben, bei denen, mit denen sie können. Nein, sie haben sich ihre Heimat ausgesucht und dann sollen sie sich auch anpassen, zumindest in einer Hausgemeinschaft und das ist ja der kleinere Teil ihrer neuen Heimat. Für mich ist ein Mensch Mensch, wenn er denn einen Charakter besitzt und damit meine ich keinen schlechten Charakter. Es hat nichts mit Kultur zu tun, es hat damit etwas zu tun, die Kultur, die jeder besitzt, mitzunehmen, aber die schlechten Eigenschaften sollen alle Zuhause lassen. Der Alltag in der Wohnanlage zeigt mir aber jeden Tag, zuviel ist zuviel und der Mensch ist noch nicht oder vielleicht nie bereit, andere Gebräuche, Religionen und Neigungen, welcher Art auch immer, zu tolerieren. Ich meine damit alle Nationalitäten und damit sind in meiner Arbeit auch Probleme dazu gekommen, die ich, als ich anfing, nie hatte.

Der Kopf sagt mir, eine Mischung aus allen Nationen öffnet neue Horizonte, aber mein Kopf scheint zu irren, wenn ich meine Arbeit anschaue. Beispiel: Man muss sich mal vorstellen, ich ging zu einem deutschen Mieter, der mich angerufen hatte weil er seine Türen gestrichen haben will und ich sagte ihm, dies ist seine Arbeit, damit gut. Dasselbe ist mir mit einem Türken passiert und ich sagte ihm dasselbe und er antwortete mir, ich bin ein Ausländerhasser. In mir kochte es, aber wie sollte ich damit umgehen? Ich merkte in diesem Moment du wirst reduziert, aber nicht auf deine Arbeit und die damit verbundenen Verpflichtungen, sondern auf deine Herkunft.

Für die Taten im zweiten Weltkrieg kann ich wohl am wenigsten, was unsere Väter und Großväter gemacht haben auch nicht und ich sage ganz klar, wenn es ums Überleben geht, macht jeder Dinge, die er in Zeiten des Wohlstands und der Demokratie nie gemacht hätte. Aber wie können Menschen in unserer Zeit und gerade in einem Land in das viele flüchten, so blöd andere beleidigen. Es geht selbst in der Flucht ihr Heil suchen, andere von ihrer Philosophie überzeugen wollen und wenn alles kaputt ist, das nächste Land aufsuchen. Nein, das bin ich nicht, ich behandle Menschen,

Mieter einfach alle gleich und es tut so weh, umgekehrt schlecht behandelt zu werden. Bin ich im Urlaub, passe ich mich der Kultur an, in ein anderes Land ziehen will ich nicht, müsste ich es, müsste ich mich integrieren. Deutschland ist anders, wir sind anders und nehmen Menschen in Not auf, kein „Aber", wer hierher kommt, sollte mit den Gesetzen und Vorschriften klarkommen, wenn nicht, besser in seinem Land bleiben und hier einen Beitrag zu seiner Kultur leisten.

44.

Hier noch eine Mietergeschichte, die zeigt wie es einem Hausmeister ergehen kann.

Ich habe keine private Rechtsschutzversicherung und werde auch keine abschließen. Warum, weil ich der Meinung bin, handele ich nach dem Gesetz, bekomme ich recht. Der Gedanke ist real, die Wirklichkeit ist eine ganz andere. Dreißig Jahre im Umgang mit Mietern und dabei keine Versicherung gebraucht, dachte ich, sind Sprache genug. Bis eines Tages der Tag kam. Eines Abends im Sommer habe ich noch einen Lampendurchgang in der Anlage gemacht. Im Sommer ist es klar, du musst ihn spät machen, weil die Tage lang sind und die Nächte kurz. Ich bemerkte weit nach 22 Uhr, dass Kinder eine neu gemachte Hauswand als Fußballtor benutzten und ich war sauer. Ok, ein Hausmeister darf nicht sauer sein, er darf Unzulänglichkeiten anmahnen und völlig neutral bemängeln, was ich hier auch tat. Teure Instandhaltungsmaßnahmen, die unsere Mieter in der Gemeinschaft tragen, werden mit den Füssen, bzw. mit dem Ball getreten. Blöd war nur, dass ich diesem Jungen schon x-mal gesagt habe, mach das hier nicht. Mein Weg in der Arbeit war und ist immer zuerst mit den Kindern reden, auch gerne zweimal, danach rede ich mit den Eltern und wenn alles nichts hilft mit meinem Arbeitgeber.

Das Reden mit dem Jungen half nichts, in diesem Moment war mein Lampendurchgang vergessen und ich ging zehn Meter weiter, wo die Mutter mit einer mir unbekannten Person in der lauen Sommernacht vor ihrem Hauseingang saß. Ich war keine zwei Meter vor ihr und sie legte los, aber wie sie loslegte. Für mich endete diese Geschichte mit einer Anzeige, Premiere für mich, ich kannte die Polizei bisher fast nur in grünen Autos auf der Straße rumfahrend. Also vor der Dame stehend, war das erste was sie zu mir sagte, sie hat Zeugen und ich dachte für was denn, vielleicht dass ihr Sohn gerade unaufhörlich den Ball gegen die Wand geschossen hatte? Nein, sie hat Zeugen für etwas, das mir bis heute unbegreiflich ist. Es ist schwer die Situation für jemanden zu beschreiben, der nicht dabei war. Sie war mir einfach zu laut und ich wollte keine Diskussion anfangen. Ich dachte mir, ich werde es morgen meinem Arbeitgeber melden und zwar so, dass er verstand, dass ich die Firma nicht mehr vertreten werde, wenn ich dabei persönlich angegriffen werde. Dann kam es so, ich drehte mich um und ging. Im Gehen bekam ich noch Worte für einen schönen Restabend mit: „du Nazi und Arschloch", einfach alles was du vor dem Bettgehen so brauchst, um gut schlafen zu können. Am nächsten Tag, gut ausgeruht und eine gute Nacht gehabt, habe ich dies meiner Firma mitgeteilt und die Dame bekam eine Abmahnung und die Aufforderung, sich bei mir zu entschuldigen. Sie machte dies natürlich nicht und es folgte eine Kündigungsandrohung, sollte sie sich nicht entschuldigen.

Was dann kam, lässt mich bezüglich unseres Rechtssystems nachdenklich stimmen. Die Dame erstattete daraufhin Anzeige gegen mich und ich wurde bei der Polizei vorgeladen, um eine Aussage zu machen. Meine Firma wusste Bescheid und ich bekam einen Rechtsanwalt gestellt. Es kam zur Aussage, ich gab meine Personalien an und war fast fertig. Aber eine Frage hatte ich noch, warum hatte ich überhaupt eine Anzeige bekommen? Es stand Beleidigung im Raum. Mich hatte es fast zerrissen, ich bin ein Arschloch, ein Nazi und habe, außer dass ich der Dame gesagt habe, ihr Sohn soll das Fußballspielen aufhören, nichts gesagt. Unser Rechtsanwalt forderte Akteneinsicht und dann war ich völlig am Ende mit unserer Justiz.

Ihr Rechtsanwalt hatte schriftlich niedergelegt, dass ich ihr durch meine Anwesenheit das Recht gegeben hatte, sich verbal bedroht zu fühlen und sie handelte mit ihren Worten in Notwehr. Geht's noch, jemand tut unrecht, du machst ihn darauf aufmerksam und damit ist der Tatbestand der verbalen Bedrohung erfüllt. Ich habe schon so vielen Menschen in der Not geholfen.

Mein Sohn einmal ebenso in der U-Bahn, als alle zugeschaut hatten wie ein Mann seine Frau geschlagen hatte, hatte er eingegriffen. Ist das der Wahnsinn, könnte er ihn anzeigen deswegen. Wo sind wir hier eigentlich, denke ich mir sehr oft. Die Dame und ich sage es nicht gerne, ist türkischer Abstammung, hatte bereits Abmahnungen ohne Ende, aber auch einen guten Rechtsanwalt. Die Sache ging so aus, nichts ist passiert, sie wohnt noch immer in ihrer Wohnung, ich bin immer noch ein Nazi, vielleicht auch, weil ich mir im Sommer immer die Haare wegen der Hitze kürzer schneiden lasse. Ich schaue trotzdem nicht weg, nicht in der Arbeit, nicht privat, wenn jeder wegschaut hat unsere Gesellschaft verloren und es werden die Leistungen unserer Väter, die für uns das Land wieder aufgebaut haben, mit den Füssen getreten und kaputt gemacht und das kann es nicht sein. Es sind einzelne Menschen die vieles kaputt machen und damit anderen einen Ansatz geben, mit allen in einen Topf geworfen zu werden.

Womit ich nicht klarkomme, bis heute nicht, ist die Arbeit der Rechtsanwälte. Ok, ich verstehe, sie müssen ihren Mandanten vertreten, aber ist Rechtsbewusstsein damit vertretbar jedes Rechtsmittel auszunutzen, um einen der nicht im Recht ist, zu helfen und den, der klar recht hat, zu vernichten? Weil ihm das Geld fehlt für einen Rechtsanwalt, und sich der andere dann das Recht so legt wie es ihm passt. Es ist schwer so etwas zu beurteilen, aber es ist für den, der Recht hat und es nicht bekommt, noch schwerer verständlich zu machen.

45.

Genug philosophiert. Abflussleitungen sind auch ein richtig gutes Thema, wenn es um unterhaltende Geschichten geht. Eine Mieterin rief mich an, ihre Goldkette war im Waschbecken verschwunden. Dies ist eine Arbeit, die mich gar nichts angeht. Die Mieterin ist auch nicht die Person, deren Wünsche ich unbedingt von den Lippen ablesen wollte, damit meine ich ihre Art mit Menschen umzugehen. Ich machte mich aber dennoch an die Arbeit, weil ich helfe jedem, wenn ich es kann. Also schraubte ich den Siphon ab und fischte die Kette heraus, es war ein richtig schweres Teil und deshalb verschwand es nicht völlig in der Kanalisation. Ein kurzes „vielen Dank" und „Aufwiedersehn" bekam ich mit auf meinen Weg. Eine Stunde später wieder ein Anruf von ihr, „Herr Bauer seitdem Sie da waren tropft der Siphon." Ok, ich ging also wieder zu ihr, ließ das Wasser lange laufen, aber alles blieb trocken und so ging ich wieder. Dann der nächste Anruf, also jetzt langt es ihr, der Siphon tropft noch immer. Wieder das gleiche Spiel und ich fand wieder nichts, gar nichts, alles war trocken. Können Sie sich vorstellen wie nervig so etwas sein kann? Es gibt Dinge, die einen gewissen Vorführeffekt haben, aber hier war das nicht der Fall, hier war es Einbildung auf ganz hohem Niveau.

Ein anderes Mal lief das Wasser im Bad bei einem Mieter nicht mehr ab und ich musste eine Fachfirma kommen lassen. Der gute Arbeiter war der Verzweiflung nahe, er konnte tun was er wollte, aber die Leitung wurde nicht frei. Zu guter letzt riss dann auch noch sein Frässkopf, im Rohr steckend, nach ca. 7 Metern ab. Hier gab es nur noch eines, die Wand aufstemmen. Das Stemmen kam jetzt für den Arbeiter auch noch dazu und er war nun nicht mehr nur sauer sondern dem Ende nah. Sparen wir uns den Schweiß den er vergossen hatte und kommen wir zum Ergebnis seiner Arbeit. Er holte seinen Frässkopf heraus, dazu eine Strumpfhose und von einem Hähnchen übriggebliebene Knochen. Ich möchte nicht wissen, was alles in einer Toilette entsorgt wird. Die Toilette ist der bequemste Mülleimer eines Mieters, aber ab und zu macht dieser Mülleimer dicht. Der Mieter sagte von ihm war dieser Dreck nicht und nachzuweisen war es natürlich auch nicht.

So ein Rohrreiniger kann schon ein richtig harter Hund sein, wie ich es schon mehrmals erlebt habe. Man stelle sich mehrere Häuser vor und jedes Haus hat einen Ablauf zur Kanalisation. Eine Rinne im Haus ist der Ausgang für alles Wasser und die Fäkalien dazu. Ich ging eines Tages in einen Keller und es roch nicht angenehm, aber ich fand die Ursache des Geruches nicht. Einige Tage später war ich wieder in diesem Haus und aus einem Revisonsdeckel am Boden verschraubt, kam ein braunes Rinnsal heraus. Ich holte mir sofort Hilfe und der Rohrreinigungsdienst kam auch schnell. Er fing an vor dem Haus den Kanaldeckel zu öffnen und sah, dass das Abwasser sich fast vier Meter hoch aufgestaut hatte und sich nun ins Haus zurückstaute. Ein sehr großes Auto kam nun und versuchte das Gerinne wieder frei zu bekommen. Warum aber war er ein richtig harter Hund? Bevor er den Saugwagen holte, versuchte er den Revisionsschacht selbst frei zu bekommen, dazu musste er in diesem

Dreck untertauchen, was er auch machte. Ich bekam von dem Gestank im Keller kaum Luft und er tauchte mit dem ganzen Kopf unter, weil sein Arm zu kurz war. Er ging danach in sein Auto und holte sich eine andere Kleidung, aber ich denke das half auch nicht sehr viel, so wie er immer noch roch. Für mich war seitdem klar, es gibt Berufe und es gibt andere Berufe mit denen man sein Geld verdienen kann, aber meiner wäre dieser nie.

46.

Silvester ist für einen Hausmeister immer ein ganz spannender Tag. Seit ich meinen Beruf als Hausmeister ausübe, sehe ich Böller und Raketen mit anderen Augen. Es ist fliegender und sehr lauter Müll. Da ich aber konsequent inkonsequent bin, mach ich auch bei diesem Spektakel mit und bekomme leuchtende Augen, wenn so eine Rakete am Himmel in allen Farben leuchtet. Am nächsten Tag hab ich auch oft leuchtende Augen, wenn ich den ganzen Dreck sehe und aufräumen muss. In der Silvesternacht gehe ich aber auch ganz gerne meine Runde durch die Anlage, um ein wenig nach dem Rechten zu schauen. Und dabei kam ich auf eine super Idee.

Im Vorfeld der Nacht der Nächte, hängte ich in jedem Hauseingang einen Zettel auf, auf dem stand: „Bitte räumen Sie ihren Silvestermüll und die leeren Flaschen nach dem Feiern wieder auf." Oh dieser Gedanke von mir war genial, dachte ich. Meine Anlage, meine Mieter, mein Baby und ich erziehe alle. Das mit dem Zettel war der dümmste Gedanke, den ich in meiner Hausmeisterkarriere je hatte. Viele Mieter machten nämlich das, was ich darauf geschrieben hatte, sie räumten ihren Müll weg. Hier sei bemerkt, Silvester trinkt manchmal einer mehr als er verträgt und dann kommen Dinge dabei heraus, die nicht gut sind. Wir haben Mülltonnen die aus Plastik sind mit einem Volumen von ca. 1,8 Kubikmeter. Nach der Bölleraktion mit anschließendem Aufräumen, war eine Tonne nur noch 10 cm hoch und dass dies mal eine Mülltonne war, konnte man nur noch an den Laufrollen sehen. Die Feuerwehr hatte viel zu tun und Zettel dieser Art hängte ich nie wieder auf. Lieber liegt alles rum, ich entsorge den kalten Müll selbst und die Anlage steht noch ein paar Jahre bis zu meiner Rente.

Weihnachten und Silvester sind für viele Menschen eine sehr emotionale Zeit. Wenn du fast oder gar keine Familie mehr hast, kannst schon einmal noch trauriger werden als das restliche Jahr über. Ich hatte ein Gespräch mit einem Unternehmer, der mir aufgrund des Wissens das ich ihm gab, dass ich gerade ein Buch über meine Arbeit schreibe, eine Geschichte aus meiner Anlage erzählte, die ich bis zu diesem Zeitpunkt noch nicht kannte. Ein guter Chef entlastet auch mal seine Mitarbeiter und deshalb übernahm er den Bereitschaftsdienst am Heiligen Abend. Dabei bekam er einen Anruf von einem Mieter aus meiner Anlage und der Mieter sagte zu ihm, seine Heizung gehe nicht. Der Chef kam und stellte in der Heizung aber keinen Fehler fest und so ging er zu diesem Mieter, um dort nachzuschauen.

Dort angekommen öffnete ihm der Mieter die Türe und sagte ein wenig kleinlaut, die Heizung geht schon, aber er war so alleine und wollte mit jemandem reden. Was macht so ein Unternehmer in der Regel wenn ihm so etwas widerfährt? Falsch, dieser hier ging zu dem Mieter in die Wohnung und unterhielt sich mit ihm und er schrieb auch keine Rechnung. Dabei stellte sich heraus, seine Frau war kurz vorher verstorben und er war wirklich sehr einsam. Ich hätte von dieser Geschichte nicht einmal erfahren, nur unser Gespräch über mein Buch bewegte ihn dazu, mir davon zu erzählen und es hat mich tief berührt. Manchmal gibt es Menschlichkeit und schön wäre es, wenn diese nicht nur an Weihnachten ans Tageslicht käme. Not, in welcher Form auch immer, gibt's überall und nicht nur in Afrika, Menschen die Hilfe brauchen leben auch oft nebenan.

47.

Unsere Wohnanlage wurde gegründet, weil Eisenbahner die in der Nähe ihre Werkstätten hatten, Wohnraum benötigten. Diese Arbeiter zogen alle an einem Strang und so behandelten sie auch ihre Wohnanlage. Diese gute Mentalität ist längst Vergangenheit geworden und die Gegenwart ist viel komplizierter als man denken könnte. Wohnraum ist eine notwendige Begierde geworden, nur wie man damit umgeht, wissen viele nur solange, bis sie eine Wohnung bekommen haben. Der Umgang mit fremdem Eigentum, das einem anvertraut worden ist, ist für den einen oder anderen Mieter nicht klar. Mir tut es oft weh zu sehen, wie frisch sanierte Wohnungen, nach kurzer Mietdauer herunter gekommen sind. Liegt es daran, weil es nicht mein Eigentum ist oder sind die neuen Mieter sich ihrer Verantwortung nicht bewusst? Ich denke viel darüber nach, komme aber selbst zu keiner Antwort.

Feine Menschen und nach außen leuchtet fast ihr Haupt, wenn sie mir gut angezogen auf der Straße begegnen und zu Hause kommst bei ihnen vor Dreck in der Wohnung kaum rein. Leider ist dies keine Seltenheit, die Regel aber Gottseidank auch nicht. Als Hausmeister siehst du viel und bekommst auch von den Familien oft sehr viel mit, ob du es willst oder nicht. Die verschmutzte Wohnung ist das eine, aber wenn der Dreck ein anderer ist, wird es unangenehm.

So ist es mir nicht nur einmal passiert, dass ich, ohne es zu wollen, in die Situation gekommen bin wo häusliche Gewalt den Schmutz in dieser Wohnung zur Nebensächlichkeit machte. Also grundsätzlich ist häusliche Gewalt ein Thema für die Polizei und nicht für den Hausmeister, wenn aber die Frau gerade schreit wie am Spieß und du hörst es, bist auch in der Pflicht etwas dagegen zu tun. Ich klingelte an der Haustüre, weil ich die Schreie hörte und mir wurde sogar aufgemacht. Ich sah die Frau im Flur sitzen und ihre Gesichtsfarbe war sehr rot, wegen der Schläge die sie bekommen hatte. Dann erblickte ich eine Kommode die im Flur stand, darauf eine Bierflasche und daneben noch eine Vodkaflasche. In der Wohnung, das wusste ich, war auch noch ein kleines Kind, das ich aber nicht sah. Ich beugte mich zu der Frau und wollte ihr aufhelfen und Helfen im Allgemeinen. In diesem Moment des sich Runterbeugens bekam ich einen Tritt von hinten und war wieder im Hausgang gelandet und die Türe wurde hinter mir zugeknallt. Ich hatte diese Faxen dick und rief die Polizei an, die auch kam. Der Mann musste die Wohnung verlassen, in den Händen einen Wäschekorb mit ein paar Dingen, die er mitnehmen durfte. Einer der Polizisten sagte mir noch, dass der Mann heute nicht mehr in die Wohnung zurückkehren durfte. Am nächsten Tag war er wieder da und alle in der Familie waren wieder glücklich vereint. Ich weiß in solchen Momenten nicht was ich denken soll und ich denke, es lernt auch keiner daraus, ich am allerwenigsten.

Durch eine ähnliche Situation verlor ich fast mein Leben, als ich nach einem Streit zweier Eheleute, die Frau, die vom Dach springen wollte, festgehalten hatte. Der Ehemann schaute aus dem Dachfenster wie seine Frau im fünften Stock im Schneefang festhing, und ich die Dachrinne vorgeklettert war, um sie festzuhalten, damit sie nicht springen konnte. Ich kam gerade von der Schule heim, sah das Geschehene, wie viele Schaulustige auch und handelte. Es handelte sich um unseren Hausmeister in Neuhausen, wo ich damals wohnte. Die Frau wurde eingewiesen, war nach drei Tagen wieder zu Hause und das frischverliebte Paar ging wieder händchenhaltend durchs Leben. Ich sage ja, richtig gelernt habe ich nichts dazu, aber ist es richtiger wegzuschauen?

Wissen Sie was hier besonders schlimm ist? Ich höre es und bekomme es öfter mit als mir lieb ist, das dem einen oder anderen sehr häufig, und nur einmal ist schon zuviel, die Hand ausrutscht. Ich meine in der Familie, in der Wohnung. Feine Menschen halt.

48.

Normalerweise bekomme ich Arbeitsaufträge in der Form von Zetteln, die die Mieter in einen eigens dafür vorgesehenen Briefkasten werfen. Hier erkläre ich dem Mieter auch gerne warum diese Art des Auftraggebens so sinnvoll ist. Liegt der Auftrag einmal auf meinem Schreibtisch wird er erst dann vernichtet, wenn die Arbeit verrichtet wurde. Ok, manchmal liegt er etwas länger da, aber die Arbeit wird gemacht. Der Hausmeister im Allgemeinen wird aber immer und überall angesprochen, wie ich ja schon vorher berichtet habe. So kann er auch mal etwas vergessen und wenn der Mieter mich später wieder darauf anspricht, ist er sauer, weil ich an etwas nicht mehr gedacht habe. Einer meiner früheren Chefs sagte, ich solle mir für diese Fälle etwas zu schreiben einstecken. Ich habe mir hierzu meinen Teil gedacht, wollte aber fast noch zu ihm sagen, dass ich auch einmal in der Woche jede meiner 300 Wohnungen abklingeln könnte, um zu fragen, ob irgendwas anliegt. Wissen Sie warum ich ihm das nicht geantwortet habe? Er hätte dies sicher als sehr guten Vorschlag angesehen.

Mittlerweile werden mir über 90 Prozent aller Aufträge per Telefon gemeldet. Es ist das gleiche wie auf der Straße angesprochen zu werden, sehr lästig einfach, du bist in einer Arbeit und dein Telefon gibt dir eine andere Arbeit zu einem gerade sehr ungünstigen Zeitpunkt. Langsam aber sicher werden wir auch unsere Aufträge übers Internet bekommen. Es ist schon besser so, habe ich doch etwas in der Hand. Ich sehe aber auch hier einen sehr großen Nachteil. Ein Mieter der ein Problem hat, schreibt dir den Auftrag nur, wenn es denn ein wirkliches Problem ist. Muss er doch zuerst etwas schreiben und dann die vielen Meter bis zum Briefkasten gehen, damit es bei mir ankommt. Mit dem Internet wird es so sein, zwischen Kaffeetrinken, Horrorfilm anschauen und Bettgehen, schreib ich doch mal meinem Hausmeister ein paar Zeilen. Es wird die eine oder andere Nichtigkeit bei mir ankommen und mich beschäftigen. Ich wollte hierfür schon vorbeugen und habe mal im Büro nachgefragt ob ich zur Entlastung eine Putzfrau für meine Werkstatt bekomme und bei einigen Sekretärinnen, ob sie ein Praktikum bei mir machen wollen. Leider alles negativ.

49.

Kleiner Themenwechsel, ich bezeichne meine Kinder in der Wohnanlage gerne als die Terroristen der Zukunft. Es liegt wohl daran, dass ein Hausmeister einen anderen Blickwinkel hat als ein Kind. Mein Blickwinkel ist einfach durch mein Erwachsenwerden verzerrt worden. Wenn ich so zurückblicke, war ich als Kind schlimmer als all meine Kinder in der Anlage zusammen und ich denke das ist noch geschmeichelt. Meinen Hausmeister habe ich immer und grundsätzlich so geärgert, dass er vor Wut kochte, wenn er mich nur von weitem sah. Sein größter Frust und womit ich ihn immer treffen konnte, waren die Garagendächer. Ich stieg hoch und hüpfte darauf herum und er schrie vom Fenster, was er mit mir wohl alles machen wird, wenn er mich in die Finger bekommt. Er hat mich nicht erwischt. Ich so manches Kind in meiner Anlage schon, aber halt anders, es geht sehr viel mit Worten und die können auch wehtun.

Das Betrachten einer Sache von vielen Standpunkten aus, fehlt den meisten Menschen, hier bin ich mir ganz sicher. Keiner ist erwachsen auf die Welt gekommen und die, die es von sich denken und im Alter die Finger heben, waren entweder die schlimmsten oder die dümmsten.

Ganz klar, wer das Glück hat älter zu werden, will immer bzw. braucht immer mehr Ruhe. Man sollte aber nicht vergessen selbst einmal jung gewesen zu sein und so schwer es auch sein mag, sich ab und zu an der eigenen Nase zu packen. Eine Wohnanlage ist und bleibt ein Ort der Generationen und ist nicht Sanatorium Waldfrieden. Auch wenn ich mir manchmal vorkomme wie ein Pfleger ohne weißen Kittel.

Mal ganz aktuell, die Dame mit ihrer Goldkette hat ein neues Problem, ein ganz typisch für Hausmeistervollpfosten zu lösendes. Ein Kollege wurde von ihr angerufen, dass ihr Koffer nicht mehr aufgeht, er hat ein Zahlenschloss und sie bringt ihn nicht auf. Ganz klar ein Fall für einen Hausmeister, für was ist er denn sonst da? Mein Kollege hatte nichts Besseres zu tun als mir sein Telefon in die Hand zu drücken. Wissen Sie was Mitleid ist, ich nicht, ich scheine es gepachtet zu haben. Ich hatte noch zu tun und sagte ihr, kurz vor Feierabend schaue ich bei ihr vorbei. Als ich gerade vor ihrer Tür ankam, klingelte mein Telefon und die Mieterin sagte mir, dass sie jetzt einen Bekannten angerufen hätte und wenn der nicht weiterkommt ruft sie mich später noch einmal an. Auch meine Geduld hat Grenzen und ich sagte ihr, sie solle mich doch bitte nie wieder anrufen. Irgendwie hatte das geholfen oder auch nicht, sie rief nicht an, sondern klingelte, als gerade meine Tochter zu Hause war und brachte eine Flasche Wein vorbei, mit den Worten, ich sei sehr unfreundlich gewesen, aber ein kleines Dankeschön trotzdem. Ich sagte zu meiner Frau, dass ich ihr jetzt auf der Stelle den Wein wieder vor ihre Türe stelle, aber nachdem ich die Verpackung aufgemacht hatte, relativierte ich meine spontane Entscheidung. Ein Südtiroler Edelvernatsch, den trinke ich doch lieber selber. Es kam wie es kommen musste, der Wein war sauer, hätte ich ihn mal doch lieber vor ihre Türe gestellt, musste ich mich doch schon wieder ärgern.

Lustig kann aber auch die Veränderung eines Mieters oder Mieterin sein. Also eine Geschlechtsumwandlung hatte ich bei keinem meiner Mieter mitbekommen, noch nicht. Mir war aber eine Mieterin bekannt, die so alles hatte, aber nicht dort, wo sie es denn haben wollte. Ich sag's einfach mal so, eine Schönheit war sie nicht. Dann, lange nicht gesehen, sagte jemand „Hallo Herr Bauer" zu mir und ich höflich „Hallo" zurück. Meine Backe, aber auch dieses Geschöpf war auf einmal nicht mehr unscheinbar und eben von der Natur vernachlässigt, sondern blond, große Oberweite und was war mit der Nase passiert? Ich mag natürliche Menschen, aber sie hatte ein Problem gehabt so zu sein wie Gott sie schuf und änderte mit Hilfe der Medizin ihr Aussehen. Ach ja dick war sie vorher auch noch, was jetzt nicht mehr der Fall war. Über mich gesagt, ich würde mit Hilfe der Medizin nicht mal einen Pickel entfernen lassen, außer der Arzt sagt zu mir es ist unumgänglich.

50.

So ein Chef will oft gar nichts verstehen, auch wenn er nicht recht hat, hat er recht. Eine Logik die vielleicht mit Mitarbeiterführung zu tun hat, ich weiß es nicht. Ich wurde einmal ins Büro zitiert und es war so gar nicht lustig, also für meinen Chef, meine ich.

Erklärte er mir doch „Entscheidungen werden im Büro getroffen und nicht draußen." Puh, und dann, ein leises „ich versteh das nicht." Zur bildlichen Vorstellung das kleine bezog sich auf mich und meine 173 cm Körpergröße, zu ich weiß nicht, meinem sehr großen Chef mit Händen wie Klodeckel. Dazu kommt noch, er studiert und sehr schlau und ich vielleicht schlau.

Also zurück zu dem was er gesagt hatte, das mit den Entscheidungen werden im Büro getroffen. Ich hatte einen Traktor, der sehr alt und bei Menschen würde man sagen, gebrechlich war. Dieses habe ich im Büro mehrmals angesprochen und eben mit den Worten, zum vernünftig Arbeiten gehört auch vernünftiges Arbeitsgerät. Ich stand wegen dem Traktor immer wieder mal auf der Matte. Dann ein Anruf von meinem Kollegen: „Weißt schon, ich bekomme einen neuen Traktor." Oh dachte ich, seiner war in Ordnung, meiner nicht, was ist da denn los, also fragte ich beim Chef nach. Ja da kam der Satz über die Entscheidungen ins Spiel und dazu haute er ganz schön laut auf den Schreibtisch, um der Aussage vielleicht noch ein wenig Nachdruck zu verleihen. Naja, dann kam der Hammer, mein Kollege, dessen Traktor nicht an der Reihe gewesen war, bekam einen neuen und ich seinen alten. Das ist ja nicht schlimm, Hauptsache ich kann vernünftig arbeiten und als kleiner Bruder war ich es schon immer gewohnt, gebrauchte Dinge zu bekommen. Eines sollte aber nicht sein. Ein Aufsichtsrat, nämlich der von meinem Kollegen, sagte mir doch allen Ernstes, hätten sie so einen wie mich, hätte ich jetzt einen neuen Traktor. Eine dümmere Aussage hätte ich mir in diesem Moment nicht vorstellen können, solche Menschen tun mir leid. Ein Jahr darauf bekam ich eine neue Maschine und wissen Sie, neu oder nicht ist egal, gut und effizient soll sie zum guten Arbeiten sein. Mir wurde schon gesagt die Anlage ist unsere Visitenkarte, dafür brauch ich die Geräte, aber noch wichtiger, die Zeit dazu, um sie zu bedienen. Über eine App am PC ist es noch nicht möglich, Tonnenhäuser sauber zu halten oder einen Wasserhahn zu wechseln.

51.

Die Arbeiten, die im Büro gemacht werden müssen, sind sehr vielseitig. Wir haben dort eine Buchhaltung, eine Abteilung für die Vermietungen, Technik, ganz wichtig auch eine Dame für Mahnungen und vieles mehr. Bei uns und ich sage immer an der Front, kommen vom Büro viele Arbeiten an, die wir Hausmeister erledigen müssen. Manchmal gibt es auch Verständigungsschwierigkeiten der besonderen Art. Ich hatte einmal Werkzeug gekauft und es hing auch ein Parker da, den ich mitnahm für Winterarbeiten. Als im Büro die Rechnung ankam, fragte mich die junge Dame vom Büro, was der Parker denn für ein Werkzeug sei. Es war ein langes Gespräch, weil sie es einfach nicht verstand, dass der Parker kein Werkzeug war, aber wir konnten auch das klären. Warum sage ich das? Es geht nicht darum alles zu wissen oder zu verstehen, jeder in unserer Firma hat seinen Platz, an dem er oder sie die Fachfrau oder der Fachmann ist. Jeder an seinem Platz trägt dazu bei, dass der Laden läuft. Wie gesagt gibt es aber immer wieder mal Verständigungsschwierigkeiten.

Ein Verständigungsproblem der besonderen Art war eine Rechnung, die in der Buchhaltung auflief. Es ging wieder einmal um meinen Traktor, Sie merken schon, das ist ein Punkt, der immer wieder für Aufregung sorgt. Also aus der Buchhaltung kam der Anruf, sie hätte für meinen Traktor zwei Rechnungen auf dem Tisch liegen. Gut war, dass wir kommunizieren, das heißt wir werden angerufen, um zu erklären wofür die Rechnungen sind, um sie dann auch so zu verbuchen, dass alles seine Richtigkeit hat. Schlecht ist, wenn ich erkläre, ich hatte für den Traktor nur eine Inspektion, aber eine zweite Rechnung kommt, die Anbauteile in Rechnung stellt, die ich nie habe machen lassen. Also erklärte ich, die zweite Rechnung kann nicht sein. Einen Tag später kam wieder ein Anruf vom Büro: „Also Herr Bauer ich muss ja nur wissen, wofür die zweite Rechnung ist" und das ging bis zum dritten Tag so. Ich war richtig genervt und fuhr ins Büro, um mir die Rechnungen anzuschauen. Eines muss ich noch anfügen, die Dame vom Büro sagte zu mir, es kann ja mal passieren, dass man irgendwo anfährt und sie müsse dies ja nur wissen. Richtig genervt stand ich nun also im Büro und ließ mir die Rechnungen zeigen. Es waren zwei verschiedene Kennzeichen darauf, eines von mir und eines von weiß Gott von wem. Also rief ich bei der Firma die die Rechnungen geschickt hatte an und siehe da es war ein Versehen gewesen. Ich hätte beim ersten Anruf sagen sollen alles ok und es wäre bezahlt worden, aber was ich nicht gewesen bin, muss auch keiner für mich bezahlen. Unterm Strich hätte ich aber schon nach dem ersten Telefonat meine Ruhe gehabt.

52.

Ein Fahrdienstleiter, er lebt nicht mehr, kam jedes Mal aus der Nachtschicht mit einem Rausch vom anderen Stern nach Hause. Ich kann nur seinen Weg durch die Wohnanlage beschreiben. Ich sah ihn immer mit dem Rücken zur Hauswand gehen und sich dabei mit den Händen vortastend. Bei einer Häuserlücke dann auf den richtigen Moment wartend, um diese Lücke zu überbrücken. Ein Bild, das nicht schön war und was hatte er überhaupt in seiner Nachtschicht gemacht? Vielleicht tat ich ihm Unrecht als ich dachte, dass er in der Arbeit getrunken hatte und er schaute nach der Arbeit in den frühen Morgenstunden schon so in die Flasche oder in das Glas. Viele trinken regelmäßig und ich werfe hier bestimmt keinen Stein, er könnte wie ein Bumerang zurückkommen, aber man sollte wissen wann, und wieviel man trinkt. Ich mache mir halt immer einen Kopf, wenn ich solche Dinge erlebe, es scheint aber keinen Sinn zu machen, sich über solche Sachen den Kopf zu verrenken, weil das ändert nichts.

Ich mache meine Arbeit gerne und wenn du etwas gerne machst gibst du auch mehr, als wenn du nach Vorschrift arbeitest. Arbeitszeiten sind für mich als Hausmeister nur peripher wichtig. Jeder, auch ich, hole mir geleistete Arbeit wieder an anderer Stelle zurück. Wenn ich sage ich will für meine Mieter das Beste, klingt das sehr dumm, aber es ist eine Tatsache und ob mir das jemand glaubt oder nicht, ist mir egal. Manch einer versucht aber solche Menschen auszunutzen, sehr oft gedankenlos, manchmal aber auch in voller Absicht. Bekam ich doch einen Anruf, im Originalton „Mein Scheißhaus geht nicht" und ich solle sofort kommen. Der Herr hatte auf Festnetz angerufen und es war zwei Uhr nachts. Nein, er hatte nichts getrunken und geraucht sicher auch nicht, er war halt ein wenig aufgebracht und dies wollte er mir mitteilen, denke ich.

Ich ging zu ihm, aber erst am nächsten Tag und wir schauten uns in die Augen und ich sagte zu ihm, ich kann noch in ihre Augen schauen, können Sie es auch noch? Es hatte gewirkt, sein WC ging wirklich nicht, aber nur weil die Stadt wegen irgendwelcher Arbeiten in der Nacht das Wasser abgestellt hatte. Mein Telefon stelle ich in der Nacht nicht ab, ich habe Kinder und damit Familie und würde mir immer Vorwürfe machen, wenn ich wegen meiner Arbeit das Telefon ausschalte und ich nicht mitbekäme wenn etwas passiert. Und mehrere Telefone will ich nicht haben, weil mir manchmal eines schon zu viel ist.

53.

Hausmeister, und ich rede nur von dem Stand, den ich kenne, werden auch mal gerne denunziert. Kann jemand nachvollziehen was so ein Beruf für Nebenwirkungen haben kann? In meinem Arbeitsvertrag steht viel drin, aber nichts von Nebenwirkungen, es gibt aber viele, die dich heimsuchen können. Kam ein Mieter zu mir und fragte, wer bekommt die Wohnung über mir und ich sagte „weiß ich nicht", Wohnungen werden im Büro vergeben. Der nächste Satz von ihm war, wenn ein Ausländer die Wohnung bekommt gibt's Krieg. Oh Gott, dachte ich. Das heißt für mich, ein guter Mieter ist ein Deutscher und ein schlechter ein Ausländer. Es könnte aber auch heißen, dass der Schwachsinn, den manche von sich geben, von diesen selber geglaubt und eben leider auch gerne verbreitet werden.

Einmal wurde ich gerufen, weil sich Mieter in ihrer Ruhe gestört fühlten. Aus der Nachbarwohnung kam viel Lärm und Geschrei. Ich ging hin um nach dem Rechten zu sehen und sah noch viel mehr. In dem Moment als ich ankam, kam auch ein Fernseher angeflogen, aus einem geschlossenen Fenster im dritten Stock. Er landete in einer Wiese. Es war ein Ehestreit gewesen, das Paar hatte schon drei Monate ihrer Ehe geschafft, aber länger sollte sie nicht halten. Scheidung, Auszug und nie wieder gesehen. So schnell kann es gehen mit der Ehe und bis der Tod uns scheidet. Ehestreitigkeiten gibt's fast überall mal und dann fliegt auch schon mal der Teller mit den Spaghetti an die Wand, aber ein Fernseher durch ein geschlossenes Fenster, das war etwas Neues für mich.

54.

Ein Tierpark ist groß und nicht selten auch in Mietwohnungen anzutreffen. Ein Mieter hatte die große Leidenschaft Vogelspinnen zu halten, wie man das genau nennt, weiß ich nicht. Ich habe mit so einer Leidenschaft nichts am Hut, aber es war schon interessant, die Tiere anzuschauen. Ich weiß nicht wie viele er hatte, aber es waren sehr viele. Ich bekam auch eine Lehrstunde zu den Tieren über deren Essgewohnheiten und dergleichen. Meine Frau wäre tot umgefallen, muss ich doch jedes Mal bei Spinnen, die man mit bloßem Auge kaum erkennen kann, den Staubsauger holen. Ich hoffe jetzt keine Anzeige eines Tierschützers zu bekommen. Wenn ich mich aber in der Situation entscheiden muss, Spinne oder Frau bleib ich bei der Frau, passt sie doch nicht in den Staubsauger. In jedem Fall weiß ich nun über die Essgewohnheiten der Vogelspinnen Bescheid, könnte aber sehr gut darauf verzichten. In diesem Haus wusste wahrscheinlich keiner über die Leidenschaft des Nachbarn Bescheid, es könnte sonst ein regelrechter Wohnungswechsel die Folge gewesen sein. Nicht Hansi der Wellensittich ist das Tier des Mannes, sondern es muss etwas Besonderes sein, habe ich gelernt.

Es gibt aber auch unter Mietern seltene Vögel. Stellen Sie sich vor, Sie bekommen Mahnungen wegen nicht bezahlter Rechnungen und haben aber gar nichts gekauft. Ich rede nicht von einer Rechnung sondern von sehr vielen. Sie unterhalten sich mit einem Nachbarn und er hat das gleiche Problem und der nächste auch und alle wohnen in ein- und demselben Haus. Unabhängig davon bekomme ich die Information, dass es einmal die Woche auf dem Speicher sehr laut zugeht. Es war Flohmarkttag am Speicher. Der Sohn einer Mieterin bestellte alles was gut zum Wiederverkauf war im Internet, auf die Namen der Nachbarn. Da die Mitbewohner, anders als der junge Mann, tagsüber in der Arbeit waren, nahm er großzügig die Päckchen der anderen Mieter an. Wie dreist kann man eigentlich sein? Aber ich denke auch hierfür gibt es noch Steigerungen.

•

Dies war auch so ein Haus, in dem sich Geschichten der unschönen Art häuften. Es sind Geschichten durch die man mal wieder sehen kann, dass man den Mieter von nebenan nicht wirklich kennt, auch wenn man sich gegenseitig grüßt und freundlich zueinander ist. So rief mich eines Tages der Maurer, der bei uns in der Firma beschäftigt war, sehr aufgeregt an. Ich hörte an dem wie er was sagte, dass er in diesem Moment große Angst hatte. Er stehe gerade in diesem Haus und wollte bei einem Mieter seine Arbeit verrichten, aber dazu kam es nicht. Ein Polizeihund vor ihm, ließ man ihn telefonieren, aber sonst nichts. Der Halter des Hundes in der Nähe sagte er solle ruhig stehen bleiben. Unser Maurer hätte nie einen so blöden Scherz mit mir gemacht und ich machte mich auf den Weg zu ihm. Polizei soweit das Auge reichte. Nach den Angaben zu meiner Person durfte ich zum Einsatzleiter, der mich soweit er es denn wollte, aufgeklärt hatte. Es ging um versuchten Mord. Ein junger Mann wurde seit längerem observiert und irgendwann mit einem Einsatzkommando abgepasst. Es war eine Gruppe Jugendlicher gewesen, die sich nach einem Discobesuch ein paar Opfer ausgesucht hatten und dann auf die noch am Boden liegenden weitergetreten hatten. Sie wollten ihre Gewalt ausleben. Die Opfer selbst, es waren vier Bauarbeiter, also keine schwachen Frauen, hatten laut Polizei, keine Chance gehabt. Dieser junge Mann aus besagtem Haus war dabei, welche Rolle er spielte weiß ich nicht, aber schon alleine bei so etwas dabei zu sein, langt mir.

•

So seltene und traurige Begebenheiten habe ich in der langen Zeit meiner Arbeit öfter erleben müssen. Eines Tages rief mich ein Rechtsanwalt an und fragte mich über einen Mieter aus. Es blieb beim Versuch mich auszufragen, ich kannte den Mann an der anderen Seite der Leitung nicht und über jemand anders etwas erzählen, mache ich nicht. Er war sehr hartnäckig und besuchte mich in der Wohnanlage. Es ging um einen jungen Mann, der bei uns Mieter war und seine Arbeitsstelle bei der Post hatte. Der junge Mann hatte geerbt, zwei Einfamilienhäuser in der Nähe von uns. Blöd war nur, er war wie vom Erdboden verschwunden und das merkte man auch daran, dass seine Miete nicht mehr bezahlt wurde. Es kam wie es kommen musste, nämlich zur Räumung der Wohnung. Der Mann hatte alleine gewohnt und wie es bei alleinstehenden Männern häufiger der Fall ist als bei alleinstehenden Frauen, war die Wohnung tip top sauber. Er hatte alles Mögliche gesammelt und alles war mit Liebe in der Wohnung platziert worden. In der Wohnung fand ich auch noch seinen gültigen Ausweis. Wer fährt denn länger weg ohne seinen Ausweis, dachte ich noch. Mir fiel an der Wand ein Foto auf und ich hatte den Mann schon einmal im Fernsehen gesehen, er war eine bekannte Hamburger Kiezgröße gewesen. In jedem Fall machte ich mir über den jungen Mann noch viele Gedanken, weil er für immer verschwunden blieb. Da erbst so etwas und dann hast gar nichts mehr davon.

55.

Wissen Sie wer der günstigste Schlüsseldienst ist? Ganz genau, der Hausmeister. Der Mann ist so günstig, weil meistens ein „Einstweilen vielen Dank" langt.

Aber ich will Ihnen ein paar Geschichten dazu erzählen. Da trägt die Hausfrau den Müll weg und hat den Schlüssel vergessen. Kein Problem, hol ich halt den Hausmeister. Soll ich jetzt in ihrer Not sagen, holen Sie doch den Schlüsseldienst? Es ging aber schon so weit, dass die Mieter zu mir sagten: „Für was sind Sie denn sonst da?" Als ich mit meinem damaligen Chef darüber redete, verbot er uns allen das Öffnen der Türen. Es kam der Tag an dem die Vorstände und Aufsichtsräte ihren Rundgang in der Anlage machten, es war ein Samstag. Mein Chef rief mich an, weil er mitbekam wie eine ältere Dame eben ihren Müll entsorgen wollte und danach vor der verschlossenen Türe stand. „Herr Bauer könnten Sie vielleicht der Dame helfen", waren seine Worte. Wenn es nicht so komisch gewesen wäre, bekam er nun also selbst mit, wie blöd es ist, in so einer Situation vor der Türe zu stehen, hätte ich laut losgelacht. Nun rief er mich also selbst an, wo er es doch kurz vorher kategorisch abgelehnt hatte, dass ich in so einer Situation helfen sollte. So ein Chef entscheidet auch tagesformabhängig, das wusste ich nun. Mir war immer klar, wenn ich helfen kann, helfe ich, auch in Situationen, wo mir das Helfen schwer fällt. Sei es, weil du, sagen wir mal keine Lust dazu hast, oder nicht die Zeit, oder weil du merkst dieser Mensch nutzt alle nur aus. Bei Letzteren, wo ich dieses Gefühl habe, mache ich aber nichts mehr dergleichen.

•

An einem Montagvormittag, also an einem Werktag, fiel wieder eine Türe ins Schloss und die Dame war vor ihrer Wohnung gestanden. Sie nahm das Telefon des Nachbarn und versuchte mich zu erreichen, was ihr aber nicht gelang. Wenn ich auf dem Traktor sitze höre ich nur noch den Motor. Daraufhin wählte sie die Nummer eines Schlüsseldienstes, die ihre Schilder an jede Türe kleben. Ein Monteur kam und sagte zu ihr, dass er die Türe aufmacht, aber nur wenn er auf der Stelle sein Geld bekommt. 480 Euro für 2 Minuten Arbeit! In ihrer Not stimmte sie zu und zahlte nach dem Öffnen diesen Betrag. Danach war der Katzenjammer groß und sie versuchte, einen Teil ihres Geldes wieder zurückzubekommen. Aussichtslos ist so etwas, du bekommst nichts mehr. Es sind Firmen die ihre Zentralen irgendwo haben, nur nicht da wo die deutsche Justiz Zugang hat. Diese Firmen beauftragen einen Schlüsseldienst, der einen Teil des Geldes bekommt und der Rest geht irgendwo hin. Für mich ist so ein Monteur auch nicht besser als sein Auftraggeber, aber so läuft es eben. Ich habe vor kurzem einen Bericht im Fernsehen gesehen, wo es genauso ablief, nur hatte die Dame 600 Euro für diese Dienstleistung bezahlen müssen. Wir schauen als Hausmeister regelmäßig die Hauseingänge durch um diese Aufkleber abzulösen, ein Kampf gegen Windmühlen. Seriöse Aufkleber, von uns angebracht, werden von diesen schwarzen Schafen überklebt oder weggekratzt.

•

Zwei von den vielen Schlüsselgeschichten will ich aber noch erzählen. Eine junge Dame ging eines abends in die Disco, das wusste ich nur, weil sie mir das so bereitwillig erzählt hatte. Also schick gemacht, Türe zu und oh ich habe ja meinen Schlüssel noch in der Wohnung. Ist ja nicht so schlimm, dachte sie wohl, wenn ich heimkomme, ruf ich den Hausmeister an. Vier Uhr morgens war es, wäre sie bis 7 Uhr weggeblieben, wäre ich auch vielleicht zu ihr gegangen, aber nicht um 4 Uhr in der Nacht, nachdem sie mir erzählt hatte, dass sie das mit dem Schlüssel schon beim Weggehen bemerkt hatte. Dumm oder unverschämt, ich tendiere zu sehr dumm.

•

Einer anderen Dame passierte es an einem Sonntagvormittag, ich war aber nicht zuhause, dafür meine Frau und sie wurde sehr beschimpft von der Dame, weil ein Hausmeister 24 Stunden da zu sein hat. Vielleicht kenne ich meinen Arbeitsvertrag wirklich nicht so richtig, aber selbst wenn, bin ich immer noch Mensch und kein Leibeigener. Im Übrigen habe ich die Mieterin noch an diesem Tag angerufen und ihr erklärt, für so etwas gibt es einen Schlüsseldienst. Daraufhin wurde ich ein wenig beschimpft und sie wollte sich deswegen bei der Verwaltung beschweren. Ob sie es gemacht hat weiß ich nicht, bei mir hat sich niemand mehr deswegen gemeldet.

•

Es klingeln auch immer wieder mal sehr schlaue Handwerksverbrecher an den Türen der Mieter. Unsere Verwaltung versucht immer wieder, auf solche Fälle in unserer Mieterinfo hinzuweisen. Unsere Mieter sollten auch deshalb die Informationen, die unsere Firma gerne gibt, lesen. Also es klingelte bei einigen Mietern an der Türe und ein Handwerker sagte dann, ihre Eingangstüre hat eine Schwachstelle, ihr Türbeschlag ist eine Einladung für jeden Einbrecher. Sie sollten sich aber keine Sorgen machen, er würde es auswechseln und die Verwaltung würde dann die Rechnung bezahlen. „Es läuft für Sie so ab, ich repariere die Türe, Sie bezahlen mich und die Verwaltung überweist Ihnen das Geld nächste Woche zurück." Nach drei Wochen kam der erste Mieter zu mir und sagte ich habe mein Geld noch nicht überwiesen bekommen. Was für ein Geld, fragte ich nach und so kam die Geschichte ans Licht. Es waren einige Mieter die sich die Beschläge hatten austauschen lassen. Keiner hat sein Geld von uns bekommen. Unterm Strich, ein billiger Beschlag für teureres Geld und auf den Kosten sitzen geblieben.

Verbrecherbanden gehen rum, markieren Haustüren und Aufzüge und geben damit ihren Leuten Informationen wo und wie etwas zu holen sei. Wir als Hausmeister versuchen so gut es geht auch solche Anzeichen gleich zu beseitigen. Der beste Schutz ist aber immer noch eine gute Nachbarschaft, wo jeder für den anderen mitschaut und aufpasst.

Enkeltrick, falsche Polizisten, Einbrüche, alles war in meiner Zeit als Hausmeister schon bei mir in der Anlage gewesen. Beim Enkeltrick hatten die Betrüger sehr viel Pech, bekamen sie doch kein Geld, aber bei der Übergabe dafür Handschellen angelegt. Die Dame reagierte am Telefon spontan richtig und die Polizei machte ihre Aufgabe gut. Bei falschen Polizisten ist es schon schwerer gleich das Richtige zu machen, hat der normale Bürger doch vor Polizisten Respekt und es dauert vielleicht einen Tick länger, um sich deren Betrügereien bewusst zu werden. Es ist auch für die älteren Menschen schwerer zu verdauen, dass sie gerade betrogen wurden und das ist für diese Menschen oft nachhaltig ein Problem. Sie werden danach noch ängstlicher, was einem Menschen meist nicht gut tut.

56.

An einem Werktag klingelte es um 18 Uhr an meiner Haustüre, ich war gerade beim Kochen. Eine sehr aufgeregte Frauenstimme sagte mir durch die Sprechanlage: „Meine Nachbarin ist gerade überfallen worden." „Wie überfallen", fragte ich. Sie wurde nach dem Einkaufen von einem Mann, der im Gebüsch lauerte umgeschubst und er nahm die Taschen der Frau an sich. Die Frau hatte Glück im Unglück, der Täter hatte vorher schon zwei Frauen überfallen und zum Schock kamen bei diesen Damen noch Frakturen dazu. Wie Knochenbrüche bei älteren Menschen heilen, weiß man ja. Die Polizei kam und ging mit der Dame in ihre Wohnung. In ihren Taschen waren außer Geldbeutel und Lebensmittel auch noch ihre Wohnungsschlüssel. In die Wohnung kamen sie nur, weil eine Nachbarin einen Wohnungsschlüssel für alle Fälle, wovon nun einer eingetreten war, hatte.

Ich habe der Mieterin dann einen anderen Zylinder eingebaut, weil sie verständlicherweise Angst hatte, dass sie noch ungebetenen Besuch bekommen könnte. Ein Mann vor Ort, schnelle Hilfe und warum, weil präsent in der Anlage und damit erreichbar. Die Geschichte ging so aus, dass der Mann beim nächsten Überfall erwischt wurde und auch unter anderem die Schlüssel unserer Mieterin bei ihm sichergestellt wurden.

Es war im Übrigen leider nicht der erste Übergriff an einer Frau in unserer Anlage, es war der zweite in 30 Jahren. Gelegenheit macht Diebe und die meisten suchen sich schwache Opfer aus, feige, einfach nur gemein und feige.

Mein Ideal ist es intakte Mietergemeinschaften zu haben, es macht Sinn. Es ist nicht ideal, wenn Mieter sich nicht verstehen. Ich meine hier, dass sie nicht miteinander kommunizieren können, weil der eine die Sprache des anderen nicht versteht. Ein Mietinteressent, von der Verwaltung geschickt, schaute sich eine Wohnung bei uns an. Es waren zwei Männer und der eine davon fragte mich ein Loch in den Bauch und war von der Wohnung begeistert. Was ich im Laufe des Gesprächs bzw. fast zum Schluss erfuhr, nicht er war der Interessent sondern der Mann neben ihm und der verstand kein Wort Deutsch. Hier hatte ich null Verständnis und werde es auch nie haben, wie sollte ich dem Mann etwas erklären, wie sollte er sich mit mir verständigen? Wie kann er mit seinen Nachbarn reden, so was geht nicht. Er bekam die Wohnung nicht und ich fand dies auch vollkommen richtig.

Ein anderer Wohnungsbewerber schaute meine ehemalige Wohnung an, da diese nach Nachwuchs zu klein für uns geworden war und ich eine größere Wohnung bekam. Also, der Interessent kam und schaute die Wohnung an. Ich dachte ich höre nicht richtig als er losgelegt hatte. Das Bad hatte zwei Fenster und war ca. 6 qm groß, es war ihm zu klein, hier kann er seine Badmöbel nicht stellen. Das passte ihm nicht und noch viele andere Dinge, und er zog wieder ab. Zum besseren Verständnis gesagt, zu dieser Zeit war Wohnungsnot kein Thema und das Anschauen von Wohnungen, so sah ich es, wie ein kurzer Bummel in einem Laden. Der mit den Badmöbeln war ein besonderer Kandidat, ich machte, wie vertraglich vereinbart, meine Schönheitsreparaturen. Tapeten runter, Dübel-Löcher verschließen, Türen und Heizungen streichen sowie die Decken. Fertig mit allem, zwei Monatsmieten parallel bezahlt, stand er wieder vor meiner Türe. Er hatte beschlossen diese Wohnung doch zu nehmen. Als er nochmals die Wohnung betrat, ich will nicht sagen, was ich mir in diesem Moment gedacht habe. Er legte wieder los, wo sind die Tapeten und ich wollte doch diverse Möbel stehen lassen. Ist der wirklich so blöd, dachte ich, erst will er die Wohnung nicht, dann muss ich alles herrichten und jetzt schimpfte er wieder herum. Es war für mich die kürzeste Auseinandersetzung die ich je hatte. So leid mir die Wohnungsnot für die Menschen tut, bin ich doch froh, dass sich dadurch auch das Bewusstsein und die Wertschätzung geändert haben, sehen die Menschen jetzt doch wie schwer es ist eine anständige Wohnung zu bekommen. Heute bemühen sich Menschen wieder darum eine Wohnung zu bekommen.

•

Eine Wohnungsbesichtigung eines Interessenten blieb mir noch mehr im Kopf. Sie ist zwar noch gar nicht lange her, aber diese Besichtigung wird die beste bleiben, da bin ich mir sicher. Der Mann rief bei mir an und machte einen Termin mit mir aus. Ich sagte zu ihm, er könne mich ja anrufen, wenn er da ist, meine Werkstatt ist um die Ecke. Nein sagte er, wir haben einen Termin und da ist er dann auch da. Wer nicht da war, war er. Eine Viertelstunde später wollte ich wieder gehen, da kam er gerade mit dem Fahrrad an. Ich stand an der Hauseingangstüre, er stieg ab und hatte es mit seinen Taschen ganz wichtig und beachtete mich gar nicht. „Entschuldigen Sie, sind Sie der wegen der Wohnung?" Er bejahte es und weiter nichts. „Hallo, ich stehe hier, wollen wir jetzt nicht die Wohnung anschauen", er kurz angebunden, „gleich". Endlich war er dazu bereit. Ich wollte mit ihm zur Wohnung hochgehen und er sagte, zuerst will er den Keller sehen.

Ich hatte die Schnauze voll und sagte Sie sind wegen der Wohnung da, den Keller gibt's später. Oben in der Wohnung angekommen, war ich auf einmal völlig Luft für ihn und er packte Schreibzeug, Meterstab und was weiß ich noch alles aus und begann zu messen und schreiben und messen und bis ich sagte, so nicht. Er schaute mich an, gab mir sein Schreibbrett und sagte, dann halt sie. Dieser Vogel, so dachte ich ganz ehrlich, geht mir auf den Senkel, ich beende dies jetzt gleich. Er aber fing an Fragen zu stellen. Wie ist das hier, er braucht einen Maler und was kostet das. Hallo, er hatte die Wohnung noch nicht und fragt mich was der Maler kostet. Seine nächste Frage war, er bräuchte eine Putzfrau, ob ich eine gewissenhafte kannte. Ich dachte was er brauchte, gibt's noch gar nicht. Endlich Türe zu und in den Keller gegangen. Der Keller muss gestrichen werden, was kostet das und es ist ja gar kein Strom in meinem Kellerabteil, was kostet das. Ich sagte ihm vorher, es ist kein Strom in dem Keller, aber das kann er machen lassen, muss aber im Büro einen formlosen Antrag dazu stellen. Er sagte zu mir, er könne den Strom selber legen aber wo sind die Steckdosen? Jetzt dachte ich, der hat eine völlige Meise oder er macht das absichtlich, um zu schauen, wie weit er mit mir gehen kann. Er ging dann endlich und ich dachte nur, bitte lass den die Wohnung nicht bekommen.

57.

Auf einem Speicher fand ich einmal nach einer Wohnungsauflösung ein paar alte Postkarten und Fotos von unserer Anlage. Es waren Karten und Bilder aus dem zweiten Weltkrieg gewesen, Feldpost halt. Das erste was mir auffiel war die Hausnummer, in der war ich gerade, 56b, nur der Straßenname hat nicht gepasst.

Unsere Straße hieß im zweiten Weltkrieg die Adolf-Hitler-Straße, ich staunte nicht schlecht. Ok den Straßennamen konnte man nicht halten, aber irgendwie war es komisch, meine Straße hatte früher einen anderen Straßennamen, was ich nicht gewusst hatte. Auf den zwei Bildern war ein Haus zu erkennen, das ich auch wiedererkannt habe, nur war es auf dem Bild nur ein halbes Haus. Eine Brandbombe hatte es von oben her halbiert. Es war spannend für mich, ich kenne die Anlage, weiß wie sie heute ausschaut und sehe nun, wie sie früher ausgesehen hatte. Hier kann man am besten den Wandel der Zeit und speziell den Wandel sehen, den unsere Anlage mit der Zeit erlebt hatte, erkennen. Heute ist, bis auf den Hausmeister, der immer noch nicht alles in Punkto Sauberkeit im Griff hat, eine Anlage entstanden, die ein Schmuckstück, mit sehr viel Wohnwert darin, ist. Sehr viel Grün und Platz, nichts ist so gedrängt verbaut worden und Instandhaltungsmaßnahmen werden auch in den Außenanlagen mit Liebe zum Detail gemacht. Du kannst es zwar nicht jedem recht machen, aber wer ein wenig Hirn hat, sieht sein lebenswertes Umfeld vor seinem Balkon oder Fenster.

So viel Grün hat auch seinen Preis, den unsere Gärtner und ich in Form von viel Arbeit bezahlen müssen.

Ich musste dies jetzt erwähnen, vielleicht liest mein Chef ja dieses Buch auch. Eine andere Anmerkung an dieser Stelle, ich arbeite wirklich gerne und hoffe nach diesem Buch noch einen gültigen Arbeitsvertrag zu haben. Es gibt Menschen in meinem Umfeld, die mich häufig als Kasperl bezeichnen, sie könnten manchmal recht haben.

•

Kommen wir zum Gärtner, mittlerweile sind es zwei Gärtner, was sich logischerweise so erklärt, dass die Pflegemaßnahmen immer intensiver werden. Ich bin sehr froh diese Kollegen zu haben, sie sind sehr kollegial und weil sie ihre Arbeit gerne machen, auch sehr gut. Es sind Dienstleister und Dienstleister haben es in der Regel nicht leicht. Baumschutzmaßnahmen werden schon mal als Baumvernichtungsmaßnahmen betitelt. Es liegt wohl daran, dass so mancher keine Ahnung hat, aber gerne etwas von seiner Unwissenheit preisgibt. Ein notwendiger Verjüngungsschnitt kann schon mal als Frevel an der Natur bezeichnet werden. Es ist müßig gute Arbeit zu verrichten und dann Erklärungen abgeben zu müssen, weil seine Arbeit beziehungsweise seine Berufserfahrung in Frage gestellt werden.

Einer hat einmal von einem Baum eine Scheibe abgeschnitten, um damit zu beweisen, dass dieser Baum anhand seines Umfanges nicht hätte gefällt werden dürfen. So viel Wissen hatte er sich noch angelesen. Was er übersah war die Tatsache, dass der Baum innen hohl war und eine Gefährdung durch Windbruch bestand.

•

Ich will auch noch eine Geschichte von unserem alten Gärtner erzählen, der schon viele Jahre in seiner wohlverdienten Rente ist. Er war der Hammer. Sommer wie Winter lange Unterhosen und eine Mütze, wie ein Flieger im zweiten Weltkrieg, auf dem Kopf. Wer diesen Mann um sich hatte brauchte keine Uhr mehr, er war die Pünktlichkeit in Person, eine Atomuhr. Wir bekamen ein neues Medium, eine Hebebühne und er war für Veränderungen in seinem Leben nicht so gut zu haben, arbeitstechnisch musste er sie aber wohl oder übel nutzen. Wie vorher gesagt, Sommer wie Winter ein wenig dicker angezogen als vielleicht nötig war, machte er einen Baumschnitt in ca. 3 Metern Höhe mit der Hebebühne. Ein Mieter unserer Anlage suchte und fand mich und sagte unser Gärtner ist auf der Hebebühne und schreit um Hilfe. Ich bin sofort losgerannt und hatte schon alle Möglichkeiten durchgespielt, was passiert sein könnte. Nicht alle, wie ich feststellte. Er kam mit seiner dicken Jacke an den Notausschalter und konnte nicht mehr runterfahren. Ihn hatte dieses Ereignis ein wenig mitgenommen und ich musste lachen und war froh, dass er nur dieses lösbare Problem hatte.

58.

Wir haben in unserer Anlage ein Hochhaus und als ich es das erste Mal betrat, erschrak ich wirklich. So etwas hatte ich vorher noch nie gesehen und nachher auch nicht. Es ist ein Atrium-Haus, aber eines mit acht Stockwerken. Im Innenraum kam kein Licht bis nach unten und das ganze Haus war farblich tief grau gehalten. Mein erster Gedanke war, ich bin in Alcatraz, besser noch, Alcatraz, das richtige, muss dagegen ein Erholungsheim gewesen sein. Alle Wohnungseingangstüren waren zu sehen und davor Laubengänge mit grauen Gittern. Mein Gedanke war, wer hier wohnt muss nie ins Gefängnis, der hat seine Strafe schon abgesessen. Die Wohnungen selbst sind großzügig geschnitten und wirklich schön, aber der erste Eindruck beim Betreten des Hauses war zumindest für mich fürchterlich.

Da ich male und auch Skulpturen baue, wurde ich irgendwann mal gefragt, ob ich denn hier etwas machen könne um alles ein wenig einladender zu gestalten. Ich baute mit Hilfe eines Schlossers vier Skulpturen und größere Objekte, die eine Wand bekleiden sollten. An den Laubengängen wurden bunte Tafeln angebracht, damit nicht alles nach Gittern ausschaute. Was ist objektiv, was subjektiv und was ist Kunst? Ein Mieter, der das Wohnen in diesem tristen Haus gewohnt war, sagte zu mir was ist das denn für ein Quatsch, für so etwas hat man Geld. Ein anderer Mieter kam zu mir und sagte ich gehe am Abend gerne vor die Türe und schau mir alles an und es gefällt mir sehr gut. Sind wir wieder einmal beim „was kannst jemandem recht machen." Am Anfang wusste kein Mieter vom Haus, das die Dinger von mir waren, am Anfang nicht einmal mein Chef. Es kam nämlich so. Der Schlosser hat nachdem unser Chef in Erlangen an der Uni den Auftrag vergeben wollte und ihm die Sachen zu teuer waren und auch nicht gefallen hatten, den Auftrag zum Gestalten bekommen. Den hatte der Schlosser bekommen, weil ich für ihn einige Zeichnungen anfertigte. Weil aber der Schlosser viele Fragen von meinem Chef nicht beantworten konnte, sagte der, fragens halt den Herrn Bauer, der hat die Zeichnungen doch gemacht. Ich bin mir völlig bewusst, dass vieles von mir keine Kunst ist und mehr nach dem Satz geht, er war stets bemüht, aber einiges ist schon gut, finde zumindest ich.

Kunst sollte spannend sein und verträgt auch Spannungen aus verschiedenen Meinungen. Sie bereichert den Menschen und erlaubt die Frage der Notwendigkeit. Unterm Strich ist aber klar, was wäre die Welt ohne Farben und die Suppe ohne Salz. Falls Sie das Hochhaus mal sehen wollen und die Dinge die ich sonst gemacht habe und sich ein eigenes Bild machen wollen, gehen Sie einfach auf meine Homepage. (www.bauer-kunst.de)

59.

Wie man erkennen kann, ist es mit dem sich Wohlfühlen so eine Sache, jeder hat da seine eigene Anschauung dazu und das ist auch gut so. Ich für meinen Teil finde verschiedene Meinungen gut, nur die radikalen, welcher Art auch immer, nicht. Wäscheaufhängeplätze sind ein Brennpunkt in einer Wohnanlage. Viele Mieterinnen haben ihren Platz und ihre Uhrzeit wo und wann Wäsche aufgehängt wird. Sollte sich doch einmal jemand trauen, diesen heiligen Kral zu verletzen. Meistens sind es die neuen Mieter, die das mit den Reservierungszeiten der alten Mieter nicht so auf Anhieb verstehen. Da aber kein Mieter das Recht hat irgendeinen Platz als seinen Platz zu behaupten, gibt's dann schon oft mal die eine oder andere verbale Auseinandersetzung. Dann greift halt auch der eine oder andere zu seinen eigenen Maßnahmen, die Leinen bleiben einfach hängen und die Wäsche wird zu tiefster Nachtzeit oder so früh aufgehängt, dass man sich schon den Wecker stellen muss, um an dieser Stelle seine Wäsche aufzuhängen.

Im Grunde könnte mir das völlig egal sein. Ja, wenn ich nicht dort auch mal Rasen mähen müsste. Schlau wie ich gerne sein möchte, hatte ich eine super Idee, ja ich habe öfter mal super Ideen. Ich baute von meinen Schneeschaufeln die Stiele ab und nagelte einen Karton an die Stiele wo darauf stand: Morgen ab 7 Uhr wird hier der Rasen gemäht. Im Grunde ja ein guter Gedanke, ist er doch informativ.

Am nächsten Tag kurz vor sieben am Wäscheplatz angekommen, hatte ich keine Stiele für meine Schneeschaufeln mehr und die Wäsche wedelte bunt im Wind herum. Meine Taktik musste ich ändern und ich mähte von nun an partiell um die Wäsche herum.

Der Wäscheplatz ist auch der Ort wo am meisten getratscht und geratscht wird, eben ein Mittelpunkt in einer Wohnanlage. Naja, so war es früher einmal, mit dem Siegeszug des Trockners hat sich das schon ein wenig geändert. Aber früher war das so, jetzt fang ich auch schon an mit früher war alles besser. Nichtsdestotrotz versuche ich Wäscheaufhängeplätze zu meiden. Hier fallen den Mietern im Kollektiv die Arbeiten ein, du bekommst nicht einen Auftrag sondern Frau Sowieso hat da auch noch was auf dem Herzen.

Durch meine Arbeit habe ich fürs Leben viel dazu gelernt. Ich schließe es nicht grundsätzlich aus, dass es rosa Ufos gibt, als Beispiel. Früher hätte ich gesagt, wenn mir einer erzählt hätte, da draußen steht ein rosa Ufo, du spinnst total. Heute geh ich vor die Türe, schaue nach und sag's ihm dann später. Warum diese Änderung von mir, weil ich in meiner Arbeit so viel erlebt habe, was ich im ersten Moment nicht glauben konnte und dann beim Nachschauen sich als völlig richtig herausstellte.

Ein der deutschen Sprache nicht so mächtiger Mieter, rief mich eines Tages an, die Worte klangen für mich noch unverständlicher als sein Deutsch. Er sagte irgendetwas von Strom, Wasser und Bach. Ich ging danach zu diesem Mieter, die Betonung liegt bei ging und nicht bei ich lief zu ihm. Dort angekommen traute ich meinen Augen nicht. Aus seinem Sicherungskasten kam ein Sturzbach, es funkte und die Wohnung glich einem See und keinem Bach mehr. Ich musste als erstes die Sicherungen im Keller rausdrehen, es waren noch alte 35A Sicherungen. Danach ging die Suche nach der Ursache los, vielleicht denkt sich der eine oder andere, warum hat er nicht gleich das Wasser abgedreht. Die Frage wäre berechtigt, aber es war schon alles unter Wasser und mir war es in diesem Moment wichtiger die Ursache zu finden. Wenn ich abgesperrt hätte, hätte ich die Ursache nicht direkt klären können. Also ging ich Stockwerk für Stockwerk ab, aber kein Mieter war zuhause, dafür aber das Rauschen des Baches zu hören. Im sechsten Stock angekommen, der Mieter war da, alles trocken. In den 5. Stock gegangen, Rauschen gehört, Mieter nicht da, ich hatte den Ursprung gefunden. Sein Nachbar hatte seine Telefonnummer, rief ihn sofort an, da er um die Ecke gearbeitet hatte, war er auch gleich da. Er sperrte die Türe auf und wollte, dass ich draußen blieb. Meine Frau sagt oft ich höre schlecht, sie hat wohl recht, ich ging mit in die Wohnung hinein. Also jeder weiß eigentlich, dass man die Waschmaschine, wenn man weggeht, nicht laufen lassen sollte, auch wenn die Industrie einem sagt es geht, dafür ist ein Wasserstopp da. Es ist Blödsinn, platzt der Schlauch nicht auf einmal sondern langsam, nutzt der beste Stopper nichts. Ein Restrisiko bleibt und der beste Schutz ist einfach beim Waschen zuhause zu bleiben.

Ja, aber was war hier nun los. Der Mieter hatte am Waschmaschinenanschluss einen Schlauch nur aufgesteckt, das ist sicher schwerer zu machen als ihn richtig anzuschließen. Also nichts mit Schlauchklemme und Verschraubung sondern einfach aufgesteckt, bei ca. 4 Bar Wasserdruck. Einfach irre, aber es kommt noch viel besser. Fünf Wohnungen darunter, völlig nass und es war Winter, also auch die Trocknungszeit dementsprechend länger, samt Trocknungsgeräte. Die alten Mieter unter ihm traf es besonders hart, sie hatten Holzdecken und Teppichboden und ihrem Alter und Krankheiten entsprechend, nicht mehr die besten Nerven. Dieses Mal überstanden sie dieses Ereignis aber. Die Versicherung bezahlte alles, wie er das geschafft hat würde ich gerne wissen. Fünf Monate später, dasselbe und wenn ich sage dasselbe meine ich die ganze Geschichte wiederholte sich, es war wie in dem Film „Und täglich grüßt das Murmeltier", nur hier war der Abstand ein wenig länger. Die Mieter unter dem Verursacher gaben auf und gingen ins Altenheim. Die Versicherung bezahlte wieder alles und ich verstand die Welt nicht mehr. Da der Verursacher geerbt hatte, zog er aus und hinterließ bei seinen Nachbarn einen sehr faden Nachgeschmack.

Eine persönliche Anmerkung zu Versicherungen. Ich kaufte mir ein Sofa mit zwei Sesseln in hellblau. Die Sachen waren ein halbes Jahr alt, als meine Wandlampe über dem Sofa implodierte. Wir waren gerade in der Küche und das war unser Glück. Ich meldete der Versicherung den Schaden. Außer beim Auto hatte ich bisher noch keinen Versicherungsfall gehabt. Die Versicherung wollte nur das Sofa bezahlen, was heißt wollte, sie bezahlte nur das Sofa. Ich erklärte ihnen, ich bekomme das Sofa nicht mehr in dieser Farbe und auch nicht in diesem Stoff, das heißt ich hätte bunte Sitzmöbel im Wohnzimmer gehabt. Also wie gesagt, wie dieser Mieter seinen Schaden regulierte, bleibt mir ein Rätsel.

•

Graffiti und das hat auch etwas im Nachgang mit Versicherungen zu tun sind einfach nur lästig. Es gibt leider zuviele von diesen Vollpfosten, die nichts anderes zu tun haben, als mit der Spraydose bewaffnet auf nächtliche Streifzüge zu gehen. Leider sind die wenigsten, die dies tun auch nur ein wenig künstlerisch begabt und die, die es sind, verdienen ihr Geld damit, aber nicht mit Kritzeleien an fremden Wänden. Garagentore, Wände, Balkone und Stromkästen, ich hatte schon alles und von allem viel zu viel. Die letzten haben an jede Wand 1860 gesprüht, wäre ich ein 1860-Fan, wäre ich es jetzt nicht mehr. So viel Dummheit unter Fans würde mich sehr nachdenklich stimmen. Ja ich weiß und bin mir auch darüber bewusst, dass natürlich nicht alle Fans so sind, aber mich ärgert das über alle Maßen.

Um meinen Ärger zu verstehen muss man wissen wie dann so ein Graffiti-Fall abläuft. Du musst alles fotografieren, alles abmessen, bei der Polizei Anzeige erstatten und dann einen Schadens- und Arbeitsbericht schreiben. Ja geht's noch und alles nur weil die Spinner sonst nichts zu tun haben als mit einer Spraydose rumzulaufen.

60.

Wir leben in Deutschland und sind damit weit weg von irgendwelchen Hurrikans wie sie im Süden Amerikas häufig vorkommen. Doch Stürme suchen auch uns heim. So ein Sturm ist immer unangenehm, weil, selbst wenn er nicht so stark war, liegen immer viele Äste herum und Dreck und alles muss wieder aufgeräumt werden. Dies ist mit Arbeit verbunden. Wenn so ein Sturm aber richtig wütet, kommen viele andere Probleme noch dazu. Ich stand schon am Fenster und musste zuschauen, wie ein komplettes Dach vom Nachbarhaus abgedeckt wurde. Es war nicht nur gefährlich, sondern auch, da Wind oft mit Regen kommt, für die Mieter sehr unangenehm. Dann kam die Tanne dazu, die vor dem Haus stand. Viele Jahre lang stand sie dort und nun fiel sie einfach um. Ich erlebte zwei Stürme dieser Stärke und sie hinterließen viel Chaos. Beim zweiten großen Sturm den ich mitmachte, war alles noch viel schlimmer. Mein Kollege war im Urlaub und ich hatte zwei Anlagen zu betreuen. Ein Anruf nach dem anderen lief bei mir ein und ich holte mir einen anderen Kollegen zu Hilfe. So fuhren wir gemeinsam zu einer anderen Anlage, weil hier zwei Tannen umgefallen waren. Wir fuhren los und ich sah am Gehsteig eine ältere Frau stehen. Als ich vorbeigefahren bin und in den Rückspiegel schaute war sie auf einmal weg. Zu meinem Kollegen sagte ich, wir fahren noch einmal zurück und da lag sie dann auch. Der Wind war so stark, dass sie mitsamt ihrem Rollator umfiel und zwischen zwei Autos liegen blieb. Sie war ansprechbar, aber sie hatte sich den Kopf aufgeschlagen und alles war voller Blut. Im Rollator steckte eine Zehner-Packung Toilettenpapier, die ich ihr untergelegt hatte und ich sagte zu meinem

Kollegen er solle sie so fixieren und rief derweil den Feuerwehrnotarzt an. Der Kollege hatte es nicht so mit Blut und seine Gesichtsfarbe war irgendwie weg. Es dauerte eine Ewigkeit bis ich beim Notruf durchkam, weil ganz München Probleme hatte. Als ich sie aber endlich erreichte, war der Rettungswagen ganz schnell da. Dies war der kurze Zwischenstopp eines Hausmeisters auf der Fahrt zu seiner Arbeit.

Dass bei einem Sturm Ziegel vom Dach fallen ist zwar nicht normal, aber es kommt dennoch häufiger vor. Wo die Ziegel dann überall landen, das kann dann schon mal sehr unnatürlich sein. Zu unseren vermieteten Objekten gehören auch Gaststätten. Eine davon hat einen großen Saal. In dem Saal steht ein Computer, der immer wieder zu verschiedenen Arbeiten genutzt wird. An einem stürmischen Tag stand der Geschäftsführer der Gaststätte am PC und machte seine Abrechnung. Man kann gar nicht glauben was dann passierte. Ein Ziegel löste sich vom Dach und krachte mit voller Wucht durch ein großes Lichtfenster, welches sich über dem Saal befand. Der Ziegel landete auf einem Tisch und zerlegte sich in viele Teile.

Der Tisch aus Hartholz hatte danach ein Loch in der Platte. Stellen Sie sich vor, genau in diesen Moment sitzen Gäste am Tisch, besser man stellt sich das nicht vor. Der Geschäftsführer hatte noch Humor und sagte beinah hätte ich meine Rente nicht erreicht. Wir haben nach dem Sturm die Lichtfenster erneuert und mit Gittern versehen, frei nach dem Spruch man sieht sich immer ein zweites Mal und das sollte damit vermieden werden. Nach diesem Sturmtag brauchte ich am Abend nichts mehr, es sind die Tage, wo du platt vor dem Fernseher sitzt und am nächsten Tag nicht weißt, was du angeschaut hast.

61.

Hausmeister werden oft genötigt. Ja wie denn, denkt sich der ein oder andere jetzt vielleicht. Es sind oft die Kleinigkeiten die einen in diesem Berufsstand das Leben schwer machen. Wenn Sie frei haben, wollen Sie Ihre Freizeit genießen, behaupte ich einfach mal. Wenn ich frei habe, will ich das auch. Wir haben, um unsere Wohnanlage nicht zum Parkplatz zu machen, Schranken installieren lassen. Diese Schranken kann aber jeder Mieter mit Hilfe eines Schlüssels, den er innerhalb unserer Arbeitszeit bei uns abholen kann, öffnen, um die verschiedensten Dinge zu erledigen.

Laufen tut's aber sehr oft ganz anders. Der Mieter hat am Wochenende frei und ihm fällt ein, jetzt braucht er den Schlüssel. Wenn er dann bei mir an der Wohnung klingelt oder mich gerade zufällig auf der Straße sieht, sag ich dann jedes Mal höflich, am Montag wieder. Denken Sie nicht, dass Sie einer versteht, nein keiner tut es. Ich bin in diesem Moment ein ganz böser Mann und nicht selten werde ich dann auch so behandelt. Als es mit den Schranken anfing, war es so, dass ich ständig in diese Situation gekommen bin, aber ich muss sagen, es hat sich sehr gelegt und es entstand auch hier ein Rhythmus, den viele Mieter verstanden haben. Menschen lieben Gewohnheiten, diese zu ändern ziehen immer viele Diskussionen nach sich.

62.

Mietergeschichte: Der Sohn einer Mieterin rief mich einmal an. Meine Mutter hat heute Nacht etwas erlebt. Wer nicht, dachte ich noch. Ein Mann wäre heute Nacht so gegen zwei Uhr im ersten Stock auf ihrem Balkon gestanden. Sie hätte gerade so noch die Jalousie runter machen können. Ich weiß nicht warum, aber alles klang sehr sonderbar. Zwei Uhr nachts, erster Stock, ok, aber die Mieterin hätte im Bett sein sollen. Nein sie stand gerade so zufällig vor dem Balkon und ganz schnell reagierend, lässt sie die Jalousie herunter. Ich ging zu ihr und wollte mit ihr darüber reden. Es blieb beim Versuch sie anzusprechen. Während unserer Unterhaltung ist sie im Stehen eingeschlafen und daraufhin rief ich ihren Sohn an, er wohnte nicht mehr bei ihr. Ja sagte er, seine Mutter ist krank und nimmt viele starke Tabletten. Ich sagte ihm, es könne ja sein, dass der Mann auf dem Balkon mit den Tabletten zusammenhängt. Er meinte, ja, das könnte auch sein. Damit will ich sagen, es ist nicht abwegig, dass finstere Gestalten sich so bewegen, aber sehr oft geschieht es auch nur in der Einbildung der Menschen.

•

Wissen Sie was Buntmetall ist? Es ist Geld das auch oft an der Wand hängt. Ich ging wie so oft eines Tages in meiner Anlage meines Weges und wusste im ersten Moment nicht was, aber irgendwas stimmte nicht. Kennen Sie dieses Gefühl, ab und zu hat man das. Am vierten Haus vorbei gegangen, ging mir ein Licht auf. Wo sind die Regenfallrohre? Ich ging wieder zurück und überall das gleiche. Wo sind sie? Weg waren sie. Hat in der Nacht doch tatsächlich jemand alle runter gezogen, soweit er halt hinaufkam. Sie waren aus Kupfer und Kupfer bringt beim Schrotthändler Geld. Es war leider nicht das erste Mal und erwischen tust die Täter fast nie. Im Vergleich zu dem was der Dieb beim Schrotthändler dafür bekommt und was uns diese Aktion kostet, ist es einfach eine Unverschämtheit. Es ist egal, ob es Edelstahlbänke oder Mülleimer sind, nichts ist vor Dieben sicher. Vielleicht bekommen wir bald Verhältnisse, wie sie in anderen Ländern schon üblich sind. Einen Mann, der eine eingezäunte Anlage in einem Haus, ähnlich einer Wache wie bei der Bundeswehr üblich, bewachen muss. Schöne Zeiten. So ein Bewacher wäre aber manchmal schon ganz nützlich.

Wissen Sie was ein Widerspruch in sich ist? Ich erkläre Ihnen das. Ich kam vom Sport und rauchte noch eine Zigarette am Balkon. Gut erklärt oder? Als ich sie rauchte, es war so gegen 22 Uhr traute ich meinen Augen und Ohren nicht. Es war laut und ich sah auf unserem Parkplatz viele junge Leute, die völlig betrunken, Flaschen auf den Parkplatz warfen. Ich gab meinem Sohn mein Telefon und sagte, er sollte die Polizei anrufen und ich ging zu den Leuten hinunter. Meine Redekunst half nichts, man verstand mich nicht und sie fingen an sich zu prügeln und ich zog mich zurück. Diesmal kam die Polizei sehr schnell und alle wurden eingesammelt.

So betrunkene oder auch nur gewalttätige Horden sind keine Seltenheit, es kommt leider häufiger vor, dass diese Gruppen, aus welchem Grund auch immer, durch die Straßen und Anlagen ziehen. Wir hatten eine Jungpflanzung an der Straßenseite und alle Bäume wurden einfach umgelegt, es sind solche Scherze, die ich nicht verstehen kann.

So ein Hausmeister muss auch gerne mal für den ein oder anderen tollen Scherz herhalten. Das ist die harmlose Umschreibung für den Scherz, den sich einer mit mir machte. Mich weckte eines nachts das Gebimmel meines Festnetztelefons und ich ging schlaftrunken ans Telefon. „Schnell, schnell", sagte die Stimme am anderen Ende der Leitung, „es brennt". Nun war ich wach, ja wo denn? Ja draußen, ich sollte doch aus dem Fenster schauen. Ich schaute raus und da brannte nichts, der Anrufer hängte ein. Wieder eine Nacht im Eimer, weil nach so einem Anruf kann man nicht mehr schlafen, sich maximal ärgern.

Ein anderes Mal brannte es wirklich, als ich aus dem Fenster schaute, ich hatte hier erste Reihe gebucht. Ein Wohnmobil, keine 70 Meter von mir entfernt, brannte lichterloh. Die Flammen waren sehr hoch und alles war in schwarzen Qualm gehüllt. Die Feuerwehr hatte einige Mühe gehabt, es waren Gasflaschen im Auto gewesen und dieses war ganz nah an Einfamilienhäusern geparkt. Nach dem Brand dachte ich an einen Vulkanausbruch, die gesamte Anlage war mit schwarzer Asche bedeckt.

Als ich hier zum Arbeiten angefangen hatte, hatte es öfter mal gebrannt. Viele Wohnungen wurden noch mit Holz und Kohle beheizt und die oft nicht ausgekühlte

Asche wurde in den Mülltonnen entsorgt. Nicht selten rauchte es nicht nur aus den Tonnen, ein Glück aber war, dass diese noch aus Metall waren und sie überstanden so manche Ascheentsorgung. Die meisten waren halt innen schwarz.

Ein Kuriosum war ein kleines Haus mitten in unserer Wohnanlage. Die Mieter hatten nicht alle ein Bad. Wir hatten sogar noch Häuser mit jeweils einem Waschbecken in den Hausgängen. Waschmaschinen gab es sowieso noch nicht. Die alten Mieter sagten oft zu mir, der Brunnen ist kaputt, damit meinten sie ihr Waschbecken. Wir hatten ein Waschhaus, wo die Wäsche gekocht wurde. Es standen Zinkwannen darin und zwei große Kessel, die von unten mit offenem Feuer beheizt wurden. Das Haus wurde schon vor meiner Zeit nicht mehr als Waschhaus benutzt, die Öfen waren aber noch vorhanden und wurden erst Ende der 80er Jahre abgebaut. Heute dient das Haus als Maschinenraum für die Geräte, die für die Hausmeisterarbeiten benötigt werden. Für mich ist dieses Haus der Zugang zur Vergangenheit, sehe ich hier doch wie es früher einmal war. Ich bin auch froh darum, diesen Wandel mitbekommen zu haben, es bereichert meine Arbeit ungemein. Man könnte es Berufserfahrung nennen und Berufserfahrung hat man nicht nach ein paar Jahren, es dauert länger.

Ich will nun wieder einen Gedankensprung machen, weil es gerade passend ist, obwohl mich meine Tochter hier bestimmt schimpfen wird. Sie will mein Buch ein wenig sortierter haben, am besten Kapitel und so, ich schaffe dies aber nicht. Zange und Stift, mit einem von diesen Teilen kann ich besser umgehen, Sie werden nicht lange darüber nachdenken müssen. Also warum passt etwas anderes, das ich schreiben will, gerade so gut? Berufserfahrung, ich habe ja gerade geschrieben, da kann man keinen Abschluss dazu machen, Berufserfahrung hat was mit langer Arbeit in einem Gewerk oder Büro, oder eben in einer Arbeit im Allgemeinen zu tun. Was beinhaltet aber das Wort, ich sag es Ihnen, Sie sind in einer Arbeit alt geworden. Und was heißt jetzt alt geworden. Sie haben Erfahrung gesammelt, aber sind vielleicht gerade bei körperlichen Arbeiten, nicht mehr so leistungsfähig.

Was bedeutet jetzt für einen Arbeitgeber, nicht mehr so leistungsfähig zu sein, richtig, er kann nimmer so. Kann Berufserfahrung Leistungsfähigkeit kompensieren? Würden Sie diese Frage am Stammtisch einer Kneipe stellen, wüsste ich die Antwort. Stellen Sie diese Frage dem Arbeitgeber, würde er vor Ihnen sagen und da bin ich mir sicher, selbstverständlich kompensiert Ihre Erfahrung Ihr Älterwerden. In unserer kurzlebigen Arbeitswelt bin ich mir aber nicht sicher. Ich hatte das Glück, über Jahrzehnte in ein und derselben Firma zu arbeiten. Dadurch, dass aber immer mehr neue Berufe entstehen und durch die damit einhergehende Kurzlebigkeit, können viele ihren Beruf nicht über Jahrzehnte ausüben. Es ist sicher leichter in einer Firma in der man so lange gearbeitet hat aufgefangen zu werden, als wenn du gerade, auch mit Berufserfahrung, irgendwo neu angefangen hast.

Sie sehen schon, einfach sind diese Gedanken nicht, aber sie sind es wert darüber nachzudenken, geht es doch jedem der arbeitet so, dass er in seiner Arbeit älter wird und was passiert dann? Als Rechtsfanatiker und das ist mein einziger Fanatismus, bin ich auch ein Phantast. Ältere Arbeiter sollten von ihren leistungsfähigeren jüngeren Kollegen aufgefangen werden und die Jüngeren sollten im Älterwerden, das gleiche erfahren dürfen. Meiner Phantasie sind hier keine Grenzen gesetzt, auch wenn es in der Arbeitswelt ganz anders abläuft.

Wir wählen eine Regierung, diese gibt an wie lange gearbeitet werden soll, der Arbeitgeber hat dann die immer älter werdenden Mitarbeiter am Hals und wenn er leistungsfähig bleiben will, wird der ein oder andere entsorgt. Dies ist natürlich nur mein Gedankengang.

Ich glaube nicht mehr an einen Generationenvertrag und glaube auch nicht an soziale Gerechtigkeit am Arbeitsplatz, zu viele meiner Freunde und Bekannte sind daran untergegangen. Mit über 50 Jahren einen neuen Arbeitsplatz zu finden ist nur für die möglich, die unbedingt irgendwo benötigt werden. Es ist nicht die Berufserfahrung die hier den Ausschlag gibt und damit meine ich nicht die Masse der Arbeitnehmer, sondern den Mangel an einer Fachkraft der hier entscheidet, Arbeit oder keine Arbeit. Ein Spüler in der Küche wird auch mit 40 Jahren Berufserfahrung Probleme bekommen eine Arbeit zu finden, hier geht's dann nur noch darum, bringt er die Arbeit, kann er den Stress aushalten oder nicht.

Zu meiner Arbeit gesagt, ich habe auch oft mit schwerem Gerät zu kämpfen, so ein Schneepflug der umgebaut werden muss, war schon immer schwer und im Alter wird er immer schwerer. Wo ich jünger war und keine Hilfe brauchte, ist mir heute jede Hilfe für solche Arbeiten recht. Dieses Bewusstsein will ich auch in unserer Firma wecken, da am Schreibtisch die Arbeit vielleicht auch mehr geworden ist, aber der Kugelschreiber im Alter keine so entscheidende Rolle spielt, wie eben so ein Schneepflug der umgebaut werden muss.

Ich merke es selber wenn ich so ausschweifend werde, aber was raus muss, muss einfach raus.

63.

Werden wir mal wieder Mieterallgemeiner. Die Elektrik in einer Wohnung ist auch immer wieder ein Thema, mit dem sich ein Hausmeister und der Eigentümer auseinandersetzen muss. Als viele unserer Wohnungen gebaut worden sind, hatte man nur Licht, elektrische Geräte waren noch keine Hilfsmittel, ohne die heute keiner mehr auskommen kann. Ich hatte in meiner Anlage noch Wohnungen, wo der Lichtschalter fürs Schlafzimmer überm Bett war und mit einer Schnur am Schalter konnte man das Licht betätigen. Wer hatte schon ganz am Anfang Waschmaschine, Elektroherd, Mikrowelle und später Computer, dies war die Zukunft. Diese Zukunft kam schnell und man musste sich auch mit den Anschlussleitungen und der Ausstattung der Elektrik sehr schnell umstellen. Bei jeder Instandhaltungsmaßnahme wurde auch die Elektrik dem Stand der Zeit angepasst und dies nimmt scheinbar kein Ende. Die Wohnungssanierungen werden immer aufwendiger und damit auch kostenintensiver.

Wechseln Sie einmal als Vermieter die Wohnungseingangstüre, weil es notwendig ist. Es dauert keinen Tag, dann ruft der Nachbar an, er braucht auch eine neue Türe. Besser ist, der Vermieter wechselt gleich alle Türen im Haus, weil er dann Ruhe hat. Und wechseln wird er sie, alle. Ich erlebe diese Dinge jeden Tag und wenn ein Mieter etwas bekommt, will der andere es auch, ob es notwendig ist oder nicht. Ist das Neid, oder will man einfach nicht zu kurz kommen? Ich weiß es nicht, weiß aber, dass es so ist. Hier gilt das Prinzip, gibst jemandem den kleinen Finger, will er die ganze Hand haben.

Wissen Sie wie oft ich mir auf die Zunge beißen muss, um nicht das zu sagen was ich gerade denke? Sehr oft. Vieles kommt aus meinem Mund und hat das Hirn ausgelassen, aber ich versuche es nicht nur, sondern bleibe auch fast immer höflich. Ich werde oft wegen Dingen angesprochen, die nicht zu meinen Aufgaben gehören, sagst das dann, ist das Gespräch meistens nicht so gut. Die Grenze zu sehen, wofür ein Hausmeister da ist und was ihn gar nichts angeht, diese Grenze ist für viele Mieter nicht ersichtlich. Da du immer und überall greifbar bist, will man dich auch in viele andere Bereiche einspannen. Unsere Aufgabe ist es leider nicht selten, dies dem Mieter aufzuzeigen. Spannungen sind dadurch vorprogrammiert.

Aber unsere Mieter haben es besser als sie denken, ich sage was geht und was nicht und vieles geht. Wie schaut es aber aus, wenn unsere Arbeit vor Ort eine Hausmeisterfirma übernimmt, die kommt wann sie will und geht, wann immer es geht. Bei einer Hausmeisterfremdfirma läuft vieles ganz anders. So eine Firma bekommt ein Leistungsverzeichnis und nach diesem werden die anfallenden Arbeiten kalkuliert und abgerechnet. Das hört sich sehr effizient an. Es gibt aber viele „Aber" dazu. Diese Leute machen nicht nur eine Wohnanlage und diese Leute müssen, um ihr Geld zu verdienen, sehr rationell und effektiv ihre Arbeit erledigen. Zeit hat hier keiner für ein Schwätzchen am Rande oder ein „weil ich Sie gerade sehe", wird die Leute auch nicht besonders interessieren. Das Schwätzchen, ist für mich schon ein Problem geworden, weil die Arbeit einfach immer mehr wird, aber eine Hausmeisterfirma hat hierfür sicher überhaupt keine Zeit. Ein festangestellter Hausmeister ist Luxus pur geworden. Die sozialen Komponenten die er mitträgt sehen die Mieter sicher erst, wenn es keinen festen Hausmeister mehr gibt. Es gibt kein, „weil ich Sie gerade sehe" oder „einstweilen vielen Dank", es gibt nur noch einen Termin und eine Leistung, die bezahlt werden muss. So manchem Mieter, ok mit mir geht gerade wieder der Gaul durch, würde ich es aber so wünschen. Ich bin zulange dabei, dass ich jede Oberflächlichkeit eines Mieters tolerieren kann, ohne mich nicht zu ärgern. Wenn es eine Firma wie es unsere ist, wirtschaftlich schafft, feste Hausmeister zu beschäftigen hat sie Anerkennung verdient. Aber wie gesagt, was fehlt sieht man erst, wenn es weg ist. Ich könnte all diese Geschichten nicht schreiben, weil ich sie nicht erlebt hätte.

Stellen Sie sich doch vor, Sie rufen den Hausmeister an, weil Sie gerade schlecht zu Fuß sind und fragen ihn, ob er denn nicht die Wasserkiste in den ersten Stock tragen könnte. Ich hab's gemacht, aber stellen Sie sich vor, Sie rufen den Hausmeisterservice deswegen an. Hier geht es nicht darum, was meine Arbeit im Sinne des Arbeitgebers ist. Es geht darum, ein Bindeglied zwischen Mieter und Eigentümer zu sein, der auch einmal einen kleinen Handgriff macht, der ein großer für den anderen ist, der gerade eben solch eine Hilfe benötigt. Diese Hilfestellung fällt bei einer Fremdfirma weg.

Wie gesagt, auch ich finde effektives und effizientes Arbeiten gut, aber nicht um jeden Preis und erst recht nicht, wenn dadurch sozial gemeinschaftliche Selbstverständlichkeiten verschwinden.

Vielleicht liest auch ein Mieter diese Zeilen von mir und macht sich einmal darüber Gedanken, dann habe ich schon etwas bewirkt und wenn es nur ein kurzes Nachdenken war.

64.

Irgendwie, nach über 30 Jahren in der Arbeit, habe ich das Gefühl, die Tage werden länger, dies aber unabhängig von der Jahreszeit. Die Lust an meiner Arbeit und das gerne Arbeiten im Allgemeinen, sind mein Motor. Ich habe in diesem Beruf viel gelernt und noch mehr gesehen. Keine Angst, vom Schlusswort bin ich noch ein wenig entfernt, aber beim Schreiben und Aufarbeiten der Geschichten, kommt mir gerade dieser Gedanke. Menschen, die in ihrer Arbeit älter geworden sind, können mich vielleicht jetzt gerade verstehen.
Also, die Lust am Arbeiten ist ungebrochen, aber es geht manchmal nicht mehr so wie du es gerne hättest. Du denkst mehr über alles nach, vielleicht auch an die Rente und dann auch langt das Geld der Rente für ein Leben nach dem Arbeitsleben. Der Generationenvertrag hat ja nicht gehalten, aus welchen Gründen auch immer, das ist meine persönliche Meinung. Du musst und sollst dich absichern, aber viele können das nicht, weil's halt gerade so zum Leben reicht. Viele dieser Arbeiter erarbeiten sich deshalb auch in ihrer Rente noch ein wenig Geld dazu. Ich habe in diesem Zusammenhang schon den Spruch gehört, hättest halt etwas Gescheites gelernt. Dabei habe ich mir gedacht, er nimmt zu Hause wahrscheinlich sein Essen mit goldenen Löffeln zu sich. Ich will damit sagen: Die Menschen, die meinen durch ihr Gehalt etwas Besonderes zu sein, irren sich. Gäbe es uns einfache Handwerker und Arbeiter nicht, müssten sie selber Hand anlegen und das wäre bestimmt lustig anzuschauen. Sie denken sich jetzt sicher warum schreibt er denn jetzt so etwas. Es soll ein einigermaßen vernünftiger Übergang zu meinem nächsten Thema werden.

65.

Als ich zum Arbeiten anfing war Burnout ein Begriff, den ich nicht kannte. Ich weiß nicht einmal ob es damals schon ein Wort war, das für eine Krankheit verwendet wurde. Heute habe ich das Gefühl die halbe Welt leidet unter dieser Krankheit. Teilweise weil sie gar nicht genau wissen, was das Wort bedeutet, aber das Wort schick finden, andere weil es zum Krankmachen gerade so genial geeignet ist und der Rest hat es wirklich und hier wird es traurig. Arbeitsklima, Geldmangel, Druck, nicht in der Arbeit und damit vielleicht auch zu Hause und wahrscheinlich noch tausend andere Gründe mehr, werden hierfür der Auslöser sein. Viele dieser Auslöser können von einem guten Arbeitgeber reduziert werden. Eine Definition für Burnout ist „emotionale Erschöpfung." Ich denke, das hat jeder dazwischen mal und ist deshalb aber noch lange nicht krank. Ich habe leider aber schon einige Menschen in meinem nahen Umfeld, die wirklich Burnout haben und sich richtig schwer tun, wieder auf die Beine zu kommen. Unsere Arbeit als Hausmeister ist in jedem Fall ein Beruf, der Stress hervorruft, dieser Stress darf dich aber nicht so gefangen nehmen, dass du davon krank wirst. Die Entwicklung, die ich aber in diesem Beruf erlebe und alle Faktoren die dazu beitragen, beunruhigen mich sehr.

Kommen wir aber mal weg von solch deprimierenden Themen und machen wir einen Sprung hinüber ins Mülltonnenhaus. Viele Mieter denken das Tonnenhaus ist der Sperrmüllplatz einer Wohnanlage. Der Weg dahin ist kurz und alles was nicht mehr benötigt wird, kann dort abgestellt werden. Würde die Frage bei Günther

Jauch in „Wer wird Millionär?" gestellt werden, ist ein Tonnenhaus auch ein Sperrmüllplatz und würde diese Frage mit ja beantwortet werden, hätten Sie Ihr Geld verloren. Hier würden sehr viele mit Null rausgehen, was meine alltägliche Erfahrung zeigt.

In unseren Tonnenhäusern wird alles entsorgt und wenn ich sage alles, meine ich alles. Ein Ofen, eine Waschmaschine, Schränke, das sind alles Dinge die hier immer wieder landen und das hat schon fast Normalität. Beim Entsorgen dieser Dinge, rege ich mich schon lange nicht mehr auf. Manch ein Mieter macht sich aber wirklich Gedanken beim Entsorgen und legt eine Präzision an den Tag oder meistens an die Nacht, wie sie kaum vorstellbar ist. Muss er doch erst einmal eine Mülltonne aus dem Müllhaus schieben, um dann seine ausgediente Dreisitzercouch in der Tonne leicht schräg zu platzieren, um die Tonne am Ende wieder in das Müllhaus zurückzubekommen. Lila war die Farbe des Sofas. Leichter ist es da, aus dem achten Stock eine Waschmaschine in den Lift zu schieben, um sie dann im Keller rauszuwerfen. Das hat weniger Arbeitsaufwand gefordert, damit weniger Leistung und das ist bei diesen Aktionen für mich der Gewinner. Der Verlierer war der mit dem lila Sofa. Da ich berufsbedingt immer wieder in die Wohnungen muss, wusste ich genau wem es gehörte. Ich holte meinen Traktor und den Hänger dazu, packte das Sofa und lud es ein. Danach fuhr ich zu der Wohnung des Mieters und stellte dieses Teil vor seine Türe, naja ich lehnte sie an seine Türe, ich war ein wenig unbeherrscht in dieser Situation. Ja und dann klingelte ich an seiner Tür und er machte auf.

Unter seinem Sofa liegend hatte er noch etwas gesagt, aber ich verstand ihn ganz schlecht und ging. Ja es war richtig blöd von mir und doch tat es so gut. Richtig verstehen kann hier nur einer den Hausmeister, wenn er schon mal ein ganzes Auto, schön klein gemacht, aus einem Tonnenhaus entfernen musste. Manchmal sieht ein anderer Mieter wie jemand eine Waschmaschine oder etwas derartiges, dort entsorgt und wenn er mir das sagt, gehe ich zu dem Verursacher. Rede ich dann mit dem Mieter kommt es nicht selten vor, dass eine heiße Diskussion entsteht. Eine junge Frau entsorgte auf diese Art ihren Geschirrspüler. Als ich mit ihr redete, sagte sie zu mir: Wie ich mir das vorstelle, wie soll sie denn das Teil in ihr Cabrio bringen und wegfahren. Ganz genau, Hausmeister sind Deppen, null Hirn und keine Vorstellungsgabe. Wir sind auch faul und haben kein Einfühlungsvermögen für den Mieter, warum gehe ich sonst zu der Frau, ich hätte die Maschine ja gleich entsorgen können. Ich verspreche besser nachzudenken, bevor ich jemanden so kompromittiere. Kartonagen in jeder Größe werden so wie sie denn sind ins Müllhaus geworfen, klein machen kann ich sie. Ist einmal ein Name darauf, gehe ich zu dem Mieter und nehme den Karton gleich mit, ist er nicht Zuhause stelle ich ihn vor seine Türe. Dieses Spiel machte ich mit einem Mieter dreimal. Irgendwann traf ich ihn auf der Straße und sprach ihn darauf an, er sagte es tut ihm leid und er macht es beim nächsten Mal nicht mehr. Ich denke er hatte Alzheimer, oder besser gesagt keine Lust, sich an sein Versprechen zu halten, er machte es immer wieder.

Im Übrigen gibt es zur Müllentsorgung auch noch etwas anzufügen. Als ich einmal einen Mann vom Abfallwirtschaftsamt fragte, warum er denn nicht den Müllsack gleich mit in seinen Laster wirft, bekam ich folgende Antwort. „Bücken tue ich mich nicht." Ok, also bücke ich mich halt.

66.

So manch ein Mieter greift bei Störungen aller Art zur Selbsthilfe. So geschehen, störte sich ein Mieter immer wieder an den Schuhen seines Nachbarn, die im Hausgang standen, in der Wohnung war scheinbar kein Platz mehr dafür. Schuhe sind ja kein Sperrmüll und können deshalb auch problemlos in der Mülltonne entsorgt werden, dies tat der sich gestört fühlende Mieter dann auch.

Der, dem die Schuhe gehörten trug seinen Müll weg und sah in der Tonne seine Schuhe, es muss ein Glücksgefühl gewesen sein. Scheinbar dachte er nach und hatte gleich einen Schuldigen im Verdacht und mit diesem Verdacht kam er zu mir. Für so etwas bin ich aber nicht zuständig und mich regt es selber auf, wenn von dreihundert Wohnungen bei 299 Schuhe vor der Türe stehen, ist es nicht nur unschön, sondern auch eine Geruchsbelästigung. Ich sah seitdem vor seiner Wohnung keine Schuhe mehr stehen, eine Belehrung der anderen Art hatte ihn geläutert.

Ich sag Ihnen was alles so vor der Eingangstüre stehen kann, kann sich so mancher nicht vorstellen. Schuhe im Einzelnen sind da harmlos, Schuhe im Zehnerpack schon eine kleine Steigerung, Schuhe im großen Schuhschrank, der fest an der Wand im Flur montiert ist, nicht die Seltenheit. Einer hatte im Flur sogar feste Kleiderhaken montiert, ich hab ihn darauf angesprochen und er gab zur Antwort, wenn ich aus der Wirtschaft komme stinken meine Klamotten die ganze Wohnung voll. Ja ich sollte einfach mehr Einfühlungsvermögen für meine Mieter haben, dieses ist scheinbar bei mir total verkümmert.

Ich habe ein Paar bei uns als Mieter, die in einer schönen 2-Zimmer-Wohnung mit großer Wohnküche leben. Diese Wohnung ist scheinbar zu klein für das Paar. Ich bekam von den Mitbewohnern immer wieder Beschwerden, der Speicher hängt voll mit trockener Wäsche, die nie abgehängt wird. Als ich dies kontrollierte, sah ich, dass der gesamte Speicher und der ist sehr groß, voll mit Wäsche hing. Ich klingelte bei dem Paar und bekam die Antwort, der Speicher sei ihr begehbarer Kleiderschrank. Mein Gott, was musst du dir manchmal anhören, mir tun dann ab und zu sogar die Ohren weh. Hinzu kam noch, was ich bei der Begehung feststellte, die Treppe zum Speicher, sie wohnten ganz oben, war ihr begehbarer Getränkemarkt. Es sind Fluchtwege und der Flur im Allgemeinen gehört dazu und um dies auch so beizubehalten geht's bei vielen Mietern nur mit schriftlicher Aufforderung.

Die Feuerwehr macht immer wieder in unregelmäßigen Abständen Kontrollen in den Häusern. Ist etwas brandschutzrechtlich nicht erlaubt, wird man angeschrieben und hat gleich eine Kostenaufstellung dabei, dass sie direkt sehen können, was eine mangelnde Beseitigung zu einem bestimmten Zeitpunkt kostet. Soweit sollte es gar nicht erst kommen, geht es doch um die Sicherheit aller, die in solchen Häusern leben. Es muss erst etwas passieren, damit man verstehen kann, warum es solche Vorschriften gibt. Der schönste Blumenstock kann im Hausflur zur Falle werden. Ich hatte schon ein Haus, in dem die Feuerwehr mit schwerem Atemschutz hineingehen musste. Stellen Sie sich vor wie Sie im Rauch an Blumenstöcken, Schuhschränken oder an dem Getränkemarkt vor der Türe des Nachbarn vorbeikommen sollen.

Gehen wir mal weit weg vom Flur und in die Wohnung hinein, inklusive Speicher. Ein junger Mann zog in ein kleines Appartement, irgendwann kam eine Frau dazu. Wahrscheinlich war es Frühling und zwei kleine Kinder krönten die Liebe des Paars. Was der Mann nun hatte, nennt man auch Familienzuwachs, nur das Appartement wuchs nicht mit, es war noch so klein wie damals, als er einmal alleine eingezogen war. Diese Wohnsituation will ich mir gar nicht vorstellen, erlebte sie aber, weil es Reparaturen aller Art immer wieder in der Wohnung gab und ich diese erledigen musste. Tja, was war die Folge, nein, er stellte keinen Antrag auf eine größere Wohnung, er baute stattdessen den Speicher aus. Nach Beschwerden der Hausgemeinschaft, stellte er doch noch einen Wohnungstauschantrag, aber für mich viel zu spät. Er zog aus, aber nicht mehr in eine Wohnung unserer Anlagen.

Umgekehrt kommt es viel häufiger vor. Große Familie, ein Ehepaar, drei Kinder. Die Kinder ziehen aus, das Paar trennt sich oder ein Ehepartner stirbt. Die hundert qm Wohnung bleibt. Der Mann oder die Frau wohnt nun in einer sehr großen Wohnung alleine. Der Grund warum man hier wohnen bleibt ist fast immer der gleiche. Der Auszug ist mit Kosten verbunden, die neue Wohnung sehr oft genauso teuer wie die alte, in der man schon ewig wohnt. Ein Umzug ist teuer, die Renovierung der alten Wohnung ist teuer, die alten Möbel kann man fast alle entsorgen und die neue Wohnung muss neu eingerichtet werden und ich bin ja schon so alt, kommt hinten nach.

Hier würde ich einen Ansatz sehen, die Wohnungsnot etwas zu lindern. Die Versuche dies auch zu bewerkstelligen sind alle mehr als halbherzig angegangen worden. Der Staat solllte sich hier wirkliche Gedanken machen, eine Wohngesellschaft kann das nicht leisten. Ich würde hier eine Möglichkeit sehen, kurzfristig Entlastung für den Wohnungsmangel zu schaffen, um dabei Menschen zu helfen und längerfristig Zeit zu haben zum vernünftigen Planen weiterer Zukunftsmodelle.

67.

Ich halte gar nichts von dem Bauwahnsinn der in den Großstädten so abläuft und will das auch gerne erklären. Ich war bis vor kurzem am Stadtrand von München und hatte hier meine Wohnung. Die Felder waren vor der Türe und der nächste Ort ein paar Kilometer entfernt. Es war schön so. Durch eine großzügige Bebauung mit über 20 000 Wohnungen und Gewerbegebiet habe ich nun das Gefühl, mitten in München zu wohnen. Die nächste angrenzende Stadt, Germering, kommt nun dazu. Früher ging ich zu Fuß zu den angrenzenden Feldern, heute brauche ich dazu ein Auto und etwas, das immer mehr Mangelware wird, viel Zeit.

Es wird ein Stadtteil gebaut zwischen zwei Städten, für mich ein Irrsinn, der seinesgleichen sucht. Wenn Sie jetzt denken, der ist nur sauer, weil er jetzt nicht mehr am Stadtrand wohnt, irren Sie sich, mir geht es um viel mehr, worüber ich mir Gedanken mache und warum ich mich hier so ärgern kann. Es ist ja ganz klar, in München wird der Wohnraum immer knapper und man will und muss das durch das Bauen neuer Wohnungen ändern. Die Fragen sind nur, warum wird der Wohnraum immer knapper und ginge es nicht auch anders dieses Problem anzugehen. Gibt's nur diese eine Möglichkeit oder gibt's auch noch andere Möglichkeiten, die nicht so nachhaltend für Mensch und Natur sind. Ich hätte viele Gedanken dazu und wenn mich ein Politiker fragen würde, würde er viel zum Nachdenken bekommen. Was mir aber hier noch wichtiger ist als ein Wohnungsproblem zu lösen, ist die Frage über die man sich Gedanken machen sollte, was ist mit den Menschen, die hier schon lange leben, was passiert mit denen.

20 000 Wohnungen, es ist eine neue Stadt, von Null auf Hundert gebaut. Es gibt keine gewachsenen Strukturen, keine Traditionen, es ist alles neu. Sicher bietet so etwas auch Chancen, aber ich sehe eher die Nachteile als die Vorteile in solch einem Projekt. Mir ist ein Ort der langsam wächst, in jedem Fall lieber, als wenn ich aufwache und eine Trabantenstadt steht vor meiner Haustüre.

Auch für unsere Wohnanlage bedeutet dies sicher ebenso, dass sich einiges ändern wird. Heute wird wirtschaftlich gebaut, das heißt auf engstem Raum möglichst viele Wohnungen. Großzügige Grünanlagen machen bei den Grundstückspreisen keinen Sinn mehr für den Bauherrn. Es werden in Zukunft noch mehr Gruppen unsere Wohnanlage mit den schönen Bänken und Grünanlagen besuchen und einiges wird sich aus den Wohnghettos zu uns verlagern. Ich sträube mich sicher nicht dagegen, dass mehr Wohnraum entsteht, der unbedingt notwendig ist, ich sträube mich gegen das, wie es passiert. Für mich kann es nicht sein, dass, anstatt das ordentliche Lösungen gegen die Wohnungsnot gesucht und entwickelt werden, einfach ein komplett neuer Stadtteil entsteht. Aber genug mit den negativen Gedanken darüber.

68.

Wissen Sie, einerseits ist es ja lustig wie ein Arbeitsauftrag gestaltet sein kann, andererseits für mich auch manchmal nicht. Ein Mieter warf mir einen Reparaturauftrag in den Briefkasten. Drei Seiten waren komplett vollgeschrieben. Ich fing zum Lesen an und dachte, ich hätte ein neues Buch angefangen. Ich kam gar nicht mehr mit, aber in dieser Wohnung musste alles kaputt sein, eine Ruine halt und ich sollte sie wieder aufbauen, dachte ich. Dass aus einem Schmerz, den ein Mieter hat, dann vor Ort angekommen, oft noch ein zweiter oder dritter dazukommt, ist die Regel. Nur so einen Arbeitsauftrag hatte ich vorher und auch nachher nicht mehr in der Hand gehabt. Jetzt kommt es aber, vor lauter Mängel und Schmerzen die der Mieter hatte, hatte er vergessen einen Namen, eine Straße oder die Telefonnummer auf die Zettel zu schreiben. Es war aber ein Reparaturauftragszettel von uns, weil wir solche an die Mieter verteilen. Ich dachte nach und kam zu dem Schluss, dass es nicht so schlimm sein kann, alle Häuser von uns stehen ja noch und nach diesem Zettel zu urteilen, müsste eines ohne Dach, fließend Wasser, Strom im Haus etc. in der Anlage herumstehen. Mittlerweile sind ein paar Jahre vergangen und ich habe keinen vergleichbaren Arbeitsauftrag mehr bekommen und alle Häuser stehen auch immer noch, es kann dann wirklich nicht so schlimm gewesen sein.

Sind Mieter faul, sicher nicht, aber sie sind sehr bequem. Es gibt aber auch da ein paar Ausnahmen und da habe ich schon darüber nachgedacht, eine Stand- und Serviceleitung einzurichten. Mir ist schon lieber wenn Mängel zeitnah gemeldet werden und nicht der

Satz fällt, mein Wasserhahn tropft schon ewig. Hier wäre noch der Tipp von mir an die Hausverwaltung gerichtet, bei einem Bewerbungsgespräch eines Hausmeisters, gleich dessen hellseherische Fähigkeiten abzuklopfen. Da ich solche Fähigkeiten leider nicht besitze und auch von unserer Firma noch keinen Kartenlegekurs oder eine Einladung für spirituelle Sitzungen bekam, bin ich halt noch immer darauf angewiesen, dass mir ein Mieter sagt, was kaputt ist. Vieles außerhalb der Wohnungen sehen wir ja, aber auch hier ist es so, alles kannst nicht sehen und wenn dich dann ein Mieter darauf hinweist, ist es schön und gut für uns. Oft spielt aber auch der Ton die Musik und das kann auch mal nicht so schön sein. Als Dienstleister wirst du für Dienstleistungen bezahlt, wenn dir diese aber manchmal schon fast unverschämt angetragen werden, ist es nicht leicht ruhig zu bleiben.

69.

Da kommen wir doch gleich zum passenden Thema. Wir Hausmeister bekommen immer wieder einmal Schulungen aller Art. Wie macht man eine Wohnungsabnahme richtig und so weiter. Wir bekamen aber auch schon Schulungen der anderen Art, einen „wie benehme ich mich richtig"-Kurs zum Beispiel. Der hat richtig reingehauen, finde ich. Es war ein ganzer Tag an dem wir geschult worden sind, das Mittagessen war eine Katastrophe und ich weiß wirklich nicht was bei mir so hängen geblieben ist. Es war aber ein Kurs, ohne dass man danach schriftlich oder mündlich abgefragt worden ist. Ich denke der ein oder andere von uns wäre durchgefallen. Ich sehe die Notwendigkeit von Schulungen, aber man kann es auch übertreiben, wenn einer kein Benehmen hat, weiß ich nicht ob er es dann an einem Tag lernen kann. Ich habe mir aber danach meine Zunge sehr verbrannt.

Ein früherer Chef von mir hatte in unserer Anlage eine Auseinandersetzung mit einem Mieter, es ging um die Sanierung seiner Wohnung und bei ein paar Dingen waren sie nicht einer Meinung. Sie haben dann lauter miteinander gesprochen. Als ich mit meinem Chef wieder allein auf der Straße und damit weg von der Wohnung war, sagte ich zu ihm, dass der Kurs auch nicht schlecht für ihn gewesen wäre, weil er dann solche Situationen besser händeln könnte. Dieser Satz von mir kam so gut an, dass ich besser nicht darüber schreibe. Es war taktisch unklug von mir und das schlimme ist, ich weiß das auch. Ich sage halt immer gerne was ich denke, selbst dann, wenn's mir einiges verbaut, beruflich meine ich damit.

70.

Nach neuem Recht ist es nun unter bestimmten Voraussetzungen erlaubt, Hunde in Mietwohnungen zu halten. Früher hatten wir beim Unterzeichnen des Mietvertrages immer ein Beiblatt angefügt, auf dem ein Hund abgebildet war und dieser war durchgestrichen. Dies bedeutete für den neuen Mieter, dass keine Hundehaltung gestattet war. Heute ist es so, der Hund muss bei uns gemeldet sein und es wird geprüft, ob der Hund zum Beispiel ein Kampfhund ist, dies ist bei uns immer noch nicht erlaubt. Es ist aber irgendwie so wie mit dem Autofahren, nicht jeder der einen Führerschein besitzt, kann auch richtig fahren. Viele fahren auch nach Jahren ihrer Fahrprüfung noch so, als wären sie noch nie in einem Auto gesessen. Mit der Hundehaltung ist es ähnlich. Nicht jeder der sich einen Hund anschafft, kann mit diesem auch richtig umgehen. Wenn ich in meine Werkstatt gehe und es riecht wieder nach Hundescheiße, ärgere ich mich, bin ich doch wieder irgendwo in der Anlage wo reingetreten. Dies ist aber ganz harmlos und lediglich ärgerlich. Ich hatte in meiner Anlage aber auch schon eine alleinstehende Dame, die ihrem Hund Selbstständigkeit beigebracht hatte.

Die junge Frau hat ihre Wohnungstüre aufgemacht und der Hund ging selbstständig Gassi, hatte er genug oder einfach nur Hunger, kam er wieder zurück zu ihr. Sehr schlaues Tier und ein Kinderhasser vor dem Herrn dazu. Auf seinen Streifzügen machte dieser Hund den Kindern klar, was er von ihnen hielt, nämlich gar nichts. Als ich die Dame darauf angesprochen hatte wurde ich belehrt. Der Hund geht mich nichts an, es ist ihr Hund. Der Hund beließ es nicht beim Bellen und ging eines Tages ein Kind an. Daraufhin kam es zum Rechtsstreit, die Dame verlor diesen und bekam die Auflage, dass der Hund nur noch an der Leine geführt werden durfte, Zuwiderhandlung wurde mit einer Geldstrafe geahndet. Wissen Sie wie die Geschichte ihr Ende fand, ganz schlimm. Der Hund landete völlig verwahrlost und krank im Tierheim. Tierhaltung kann wie Sklavenhaltung sein, mit dem Unterschied, der Sklave kann reden der Hund kann nur leiden.

Es gibt aber auch Lustiges über Hunde und deren Halter zu berichten. Zwei Mieter hatten schon einen Hund bevor ich hier das Arbeiten anfing. Wie sie das mit unserer Verwaltung geklärt hatten weiß ich nicht, aber dieser war geduldet. Der Hund wurde fast dreißig Jahre alt, naja, jedenfalls war er nach dreißig Jahren immer noch so frisch wie am Anfang als ich anfing. Immer wenn sein Hund starb, hatten die Mieter die gleiche Rasse wieder und zwar keinen jungen Hund, damit es keinem auffiel. Ich muss aber dazu sagen, kein Mieter fühlte sich von dem Tier gestört, der Mann ließ ihn nie alleine Zuhause und er trug ihn von seiner Wohnung immer aus der Anlage hinaus, damit niemand sagen konnte, dass er in der Anlage sein Geschäft machte. Der eine übertreibt so und der andere anders, aber dann lieber so.

71.

Wussten Sie, dass Hausmeister ein grenzüberschreitender Beruf ist? Wenn nicht dann wissen Sie es jetzt. Es war in einem Urlaub in Italien, wir hatten als junge Familie wenig Geld und so hatten wir auch ein dementsprechendes Hotel gebucht. Dieses war abseits vom Strand und damit erschwinglich. Ich stand am ersten Tag am Buffet und jemand tippte mich von hinten an. Als ich mich umdrehte stand eine Familie hinter mir und begrüßte mich mit „Hallo Herr Bauer, auch im Urlaub?" Ja, dachte ich, genau, bis jetzt. Es war trotzdem eine schöne Woche, auch wenn ich vom Familienvater den einen oder anderen Auftrag für meine Arbeit in München bekam.

Frau Hausmeister oder Kind Hausmeister, bekommen auch viel von meinem Beruf ab. Eigentlich sollten sie als geringfügig beschäftigt von unserer Firma eingestellt werden. Wenn ich einmal nicht zuhause bin, kommt es schon vor, dass auch Frau Bauer von so manchem Mieter sehr schwach angeredet wird, der seinen Frust darüber, dass ich gerade nicht da bin, bei meinen Leuten los wird. Hier wären wir wieder beim „Wie benehme ich mich richtig"-Kurs aber diesmal für so manchen Mieter. Ich denke unsere Firma wird sich hier aber lieber das Geld sparen. Wenn bei mir zuhause angerufen wird, legt der eine oder andere sofort los und überhört wer eigentlich am anderen Ende der Leitung ist. Wenn dann meine Frau oder Tochter sagt, dass ich nicht da bin, ist das völlig egal, Hauptsache man hat gesagt was man sagen muss. Das ist noch einmal ein Grund mehr, dass ich selten mein Handy abschalte auch um meine Familie zu entlasten.

Richtig unangenehm wird es aber dann, wenn jemand von seiner Kneipentour um 2 Uhr nachts nach Hause kommt und feststellt, dass auf seinem Stockwerk die Lampe nicht brennt. So betrunken kann man gar nicht sein, um dies gleich dem Hausmeister mitzuteilen. Hier war es für mich besonders unangenehm, weil die Uhrzeit ungünstig war und ich den Herrn, der sich nicht mehr ganz klar artikulieren konnte, kaum verstand. Dies sind ganz klar Ausnahmen, aber sie kommen vor.

Einmal rief bei mir um 1 Uhr nachts die Feuerwehr an und brauchte mich, um einen Aufzug zu vergrößern, dies war hier möglich und ich hatte die Schlüssel dazu. Also zog ich über meinem Schlafanzug eine Jacke an und trabte schlaftrunken zum Lift. Es war ein Transport, vom 8. Stock bis zum Parterre und dauerte fast ein Stunde. Immer wieder sollte ich den Lift anhalten, weil der Notarzt den Patienten behandeln musste. Der Arzt hatte den Kampf, im Parterre angelangt, verloren. Wie so oft nach solchen Ereignissen, war für mich kein Schlaf mehr möglich. Als ich meinem damaligen Chef, am nächsten Tag das Ereignis schilderte, sagte er ich könne heute eine Stunde eher aufhören. Ich bin ihm heute noch zu Dank verpflichtet.

In diesem Beruf ist eine gewisse Grundhärte Pflicht, aber abstumpfen sollte man auch nicht. Es sind halt immer wieder Momente, die einem diese Arbeit nicht leicht machen, aber ich denke auch immer wieder daran, wie viele schöne Momente dieser Beruf hat.

72.

Eine meiner liebsten Arbeiten ist es mit dem Traktor Rasen zu mähen. Rasen mäht man wenn das Gras wächst und das ist bekanntlich nicht im Winter, es ist also zu dieser Zeit meistens warm. Das geschnittene Gras hat, wenn die Sonne darauf scheint, einen Duft, der für mich das beste Parfum ist, das es gibt. So, nun hatte ich einen neuen Mäher für diese Arbeiten bekommen und die Ausmaße des Mähers waren mir noch nicht so geläufig. Dazu kam noch, die Lenkung war an der Hinterachse und der Wendekreis nicht mit einem normalen Traktor zu vergleichen. Kurz gesagt, ich schrottete so ziemlich alles, was im Weg war und das war nicht wenig. Innerhalb einer Woche mussten auch zwei Stromkästen ihr bisheriges Leben lassen und wurden, wie ich dann sah, sehr aufwendig erneuert.

Wäschestangen hatten nur noch eine kurze Lebenserwartung und so mancher Baum und Busch auch. Alles braucht seine Zeit, dachte ich und heute fahre ich diese Geräte fast blind und sehr sicher. Damals traute ich mich aber kaum mehr meinen Chef anzurufen um ihm wieder etwas zu beichten.

Mit Maschinen zu arbeiten hat viele Tücken. Da gibt es zum Beispiel Ruhezeiten die eingehalten werden müssen. Blöd ist nur, das Wetter hält sich nicht an diese Zeiten und die Nummer von Petrus steht nicht im Telefonbuch. Arbeitsabläufe in der Hausmeisterei sind aber sehr stark vom Wetter vorgegeben. Es schneit wann es will, das Laub fällt und macht hier auch keine Ausnahme und regnen tut es oft wochenlang. Irgendwann muss aber das Laub weg und irgendwann musst du mal Rasen mähen und wenn es schneit muss der Schnee sofort weg. Wie bringst das mit den Ruhezeiten in Einklang, ich sag es Ihnen, gar nicht. Kommt eine Sonnenlücke im Dauerregen durch, musst angreifen und dann kommt der erste Mieter und sagt dir, haben Sie schon mal was von Ruhezeiten gehört. Natürlich nicht, Hausmeister sind ja seit sie angefangen haben ihren Beruf auszuüben, dumm. Da ich scheinbar nicht zu den ganz Dummen gehöre, habe ich mich auch auf die Bedürfnisse meiner Mieter eingestellt. In den 33 Jahren, in denen ich meinen Beruf ausübe, hat sich noch nie ein Mieter bei mir oder in der Firma wegen Lärm beschwert. Ich kenne einige, die sich hier denken, klar, wer nicht arbeitet, kann auch keinen Lärm machen, aber die haben nicht recht. Ich weiß so ziemlich von allen Mietern was sie beruflich machen.

Es gibt Schichtarbeiter, Leute mit normalen Arbeitszeiten, Rentner, Dauerschläfer, es sind einfach alle in so einer Wohnanlage vertreten. Wenn ein Mieter Schicht hatte, sind die Jalousien zu und ich fange an einer anderen Stelle an zu arbeiten und so weiter. Man kann sich auf Mieter und die Arbeit die zu tun ist einstellen und das ist gar nicht so schwer. Du kennst im Laufe der Zeit auch die Mieter, die ein wenig empfindlicher sind, kannst dich also auch darauf einstellen. So kam es, dass ich im Urlaub war und mich danach ein Mieter ansprach. Wer war eigentlich der Depp, der mit dem Laubsauger vor seinem Schlafzimmerfenster spielte und nicht fertig wurde. Ich hab mich fast kaputt gelacht, obwohl mein Kollege, der alles richtig gemacht hatte, auch die Ruhezeiten einhielt, aber die Mietergewohnheiten nicht kannte und so halt der Depp war.

Es ist doch klar, zwei Menschen nicht selten zwei Meinungen, fast dreihundert Wohnungen ca. 750 Menschen, sehr viele verschiedene Meinungen und du bemüht, hier kann man nur von bemüht reden, alles richtig machen zu wollen.

Im Übrigen höre ich relativ oft von meinen Kollegen, dass sie beim Arbeiten mit Maschinen immer wieder Probleme mit ihren Mietern haben, hier bin ich richtig froh, dass dies bei mir überhaupt kein Thema ist.

73.

Ich versuche, wie schon erwähnt, ein wenig künstlerisch unterwegs zu sein. Ich male gerne, muss ja nicht perfekt und schön sein, aber ich male einfach gerne.

Dieses „ein wenig künstlerisch unterwegs sein" ist nicht auf die Stunde beschränkt, wo ich gerade vor einem Bild stehe, nein sie ist im Kopf und dadurch auch nicht weg, wenn ich etwas anschaue und es ist egal was ich anschaue. Dann kommt dazu, dass ich anfange darüber nachzudenken. Sehe ich eine Fassade, denk ich oft vielleicht geht's noch grauer oder wie kann man in einem giftgrünen Haus wohnen. Was hat der für einen blöden Gartenzaun und für das Geld, was der bestimmt gekostet hat, hätte er auch etwas schönes bekommen. Die Geschmäcker sind verschieden, aber manche richtig grausam. Wenn ich in einer Position wäre, wo Aufträge für Instandhaltungsmaßnahmen von mir abhingen, würde ich viel mehr fürs Auge miteinbauen. Der Mensch geht in die Arbeit und kommt in seine Wohnung zurück, sein Rückzugsgebiet gewissermaßen. Die Einrichtung einer Wohnung ist klar, die soll natürlich jeder selbst übernehmen, aber hier gibt es noch mehr und dieses mehr kann der Mieter nicht selbst entscheiden. Ja was denn, denken Sie jetzt vielleicht. Ich hatte ja schon erwähnt, dass unser Unternehmen das Glück hat, nicht nur zwei fleißige Gärtner zu haben, sondern kreative dazu. So fängt es beim Betreten einer Wohnanlage an. Nicht 08/15, Baum, Strauch und Rasen, sondern dieses ein wenig kreativ gestaltet. Fassaden, Eingangsbereiche, Kellerabgänge, Wäscheplätze, von mir aus auch Dachziegelfarben, im Grunde nichts was es nicht schon gibt, aber den Mut zu haben, diese Veränderungen zu machen. Hier unterscheidet sich eine Mietskaserne von kreativem Wohnen. Ich hätte viel zu viele Ideen dazu, aber wie gesagt, die Aufträge werden anderweitig vergeben. Es ist doch alles ein wenig so wie die Namensfindung der Eltern für ihre Kinder. Zu jeder Zeit gibt es Modenamen und wenn man das Alter des Kindes nicht kennt, kann man es zu 90 Prozent richtig schätzen, weil der Name gerade in dieser Zeit Mode war. Das schönste wäre doch, wenn jemand sagen würde, ich weiß nicht aus welcher Zeit die Fassade ist, weil ich so was noch nicht gesehen habe, aber sie ist schön. Dies war ein kleiner Ausflug in mein künstlerisches Gedankengut. Einen Satz hätte ich aber noch dazu. Kreativität ist nicht nur, ich kauf mir einen Pinsel, male etwas auf eine Leinwand, um es dann ein paar Wochen später in den Müll zu hauen, weil es mir nicht mehr gefällt. Kreativität ist für mich etwas zu schaffen, der Prozess kann länger dauern und das Gefallen daran dann vielleicht auch. Für die Wohnungswirtschaft könnte dies Folgendes heißen und das nur als Beispiel gedacht. Ich gebe einem Maler meines Vertrauens eine Grundvorgabe und verlasse mich einmal auf das was er gelernt hat und auf seine Kreativität. Ob das zu mutig ist, ich denke ganz und gar nicht. Geben Sie einem Handwerker alles vor, macht er alles wie Sie es sich denken, aber seine Erfahrung, seine Kreativität und seine Lust und Freude an dem was er macht, nehmen Sie ihm weg.

Ich weiß schon, ich soll nicht denken sondern machen, aber hier darf ich einmal beides.

74.

Kommen wir mal ganz profan zu Mietergeschichten zurück. Ein Mieter staunte nicht schlecht und das weiß ich, weil er zu mir kam und immer noch ganz erstaunte Gesichtszüge hatte. Er wollte sein Auto aus der Garage holen. Die Betonung liegt bei wollte, gestern noch ein schönes neues Auto, heute ein Haufen Schrott. Dieser Haufen Schrott parkte ganz normal auf seinem angemieteten Parkplatz. Ich stell mir jetzt nicht vor, wie ich geschaut hätte und wenn, dann hätte ich die Kameras gesucht, von der fast gleichnamigen Sendung „versteckte Kamera." Es stellte sich heraus, dass bei einer Feier eine Person seinen Autoschlüssel genommen hatte und nach ein paarmal Vor- und Zurückfahren, das Auto wieder schön platziert auf seinem Parkplatz abgestellt hatte. So manche Überraschung ist keine positive.

Tiefgaragengeschichten gehören auch zu meinen Favoriten. Ein Parkplatzmieter kam zu mir und war richtig sauer. „Stellen Sie sich vor, immer wieder steht ein fremdes Auto auf meinem Parkplatz, was kann ich dagegen tun." Ich sagte, Sie können es auf Ihre Kosten abschleppen lassen und versuchen Ihr Geld dafür einzuklagen. Ich glaube genau das wollte er gerade von mir hören. Er ging wieder. Ein paar Tage später kam der Nächste zu mir. Mein Auto wurde angefahren und nur deshalb, weil irgendwer immer auf meinem Platz in der Garage steht. Jetzt dachte ich, das kommt aber zur Zeit häufig vor. Ich ging zu beiden Mietern und wir trafen uns in der Garage. Beide sagten, das ist mein Garagenplatz und genau das Auto von dem anderen, steht immer wieder darauf. Gut, hatten wir das schon mal geklärt. Ich muss noch anfügen, das mit dem Fremdparken ging schon ein halbes Jahr, nur beide waren Schichtarbeiter also sie hätten auch Parkplatzsharing betreiben können. Ich rief in der Verwaltung an und wollte wissen, wer der richtige Pächter war und das war sofort klar. Der eine Mieter wohnte schon Jahre hier und es war sein Platz, der andere war vor einem halben Jahr eingezogen und sein Vormieter sagte, er hätte in der Tiefgarage einen Parkplatz. Er bekam auch einen Schlüssel vom Vormieter gleich dazu, er hatte wohl irgendwann einen nachmachen lassen und diesen bei der Übergabe nicht abgegeben. Der Fremdparker zahlte auch nie für diesen Parkplatz, hatte keinen Vertrag und war richtig unverschämt dazu. Er ist immer noch Mieter bei uns, seine Kinder folgen seinen Spuren im Leben und ich weiß, er wird das was er gesät hat, irgendwann ernten.

Ich bin nicht böse und wünsche jedem das Beste, aber ich kann vieles einschätzen und liege damit selten falsch. Eine Anmerkung hätte ich noch dazu. Dumm, bleibt dumm, gut ist gut und für Dummheit gibt es kein Medikament, das man in der Apotheke abholen kann.

75.

Wo steht ein Hausmeister, was sind seine Bedürfnisse in der Arbeit, was sind die Anforderungen einer Firmenleitung und was wünscht sich ein Mieter vom Hausmeister. Hierüber könnte man ein eigenes Buch schreiben, aber ich will ja anderen nur das Bild von mir und meinem Berufsstand ein wenig näher bringen. Deshalb versuche ich mich kurzzufassen, kann dieses Thema aber nicht völlig weglassen.

Ein Mieter will möglichst alles, alles was der Nachbar hat, will er auch. Helfen soll man ihm in jeder Situation, völlig egal, ob es die Aufgabe eines Hausmeisters ist, oder nicht, er ist dazu da. In den Augen des Mieters meine ich. Ich verallgemeinere das nicht, wenn dem Mieter etwas einfällt ist der Hausmeister der erste Ansprechpartner. Es kann um Dinge gehen, die in der Verwaltung geregelt werden müssen, oder um private Sachen, erst mal kommt der Hausmeister dran. In der Firma ist es irgendwie nicht anders, Dinge die im Büro geregelt werden müssten und Entscheidungen, die dort getroffen werden sollten, werden oft auch an uns herangetragen. Es ist so und wenn mich jemand fragt, werde ich auch ganz konkret dazu Antwort geben. Es geht aber gerade nicht darum, wer was und warum, es geht darum, dass Verantwortung, Wünsche und vieles mehr mal schnell auf den Hausmeister übertragen werden. Wenn es aber um Entscheidungen und das ist ja schon zwei Stufen höher, oder um die Meinung oder das Mitwirken von Entscheidungsprozessen geht und hier meine ich in der Firmenleitung, ist der Hausmeister nicht dabei, er ist in seiner Arbeit und wahrscheinlich bei dem was er kann, beim Ausführen einer ihm angeordneten Tätigkeit. Ich bin zu lange dabei, als dass ich hier eine Hoffnung sehe, um das zu ändern. Der Mieter sieht in unserer Arbeit, den der am besten alles machen soll, und der Arbeitgeber einen, der am besten macht, aber besser nicht gefragt wird und eben auch nicht nachfragt. Für mich ist dies nicht der richtige Weg. Der Mann vor Ort, der den Lebenszyklus einer Immobilie über Jahre begleitet, hat auch oft Gedanken zu Veränderungen, die die Immobilie betreffen. Man würde staunen wie gut solche Gedanken für die Arbeit sein könnten.

Wir haben gelernt, ein Hausmeister sollte handwerklich begabt sein, um seine Arbeit verrichten zu können. Mit einem Werkzeug umzugehen sollte gelernt werden und so ist es aber auch mit den Veränderungen, die dieser Beruf erfahren hat. Neue Strukturen, neue Aufgaben, die zu bewältigen sind und der allgemeine Wandel, Mieter und deren Wünsche, die vielfältiger geworden sind. Alle diese Dinge geschehen nicht von einer Sekunde auf die andere, sondern durchlaufen Prozesse, die oft Jahre dauern. Ich habe schon ein paar Wechsel in der Firmenleitung mitgemacht und hier stellte ich fest, Abläufe und Entwicklungsprozesse können stark beschleunigt werden. So von Null auf Hundert halt. Mitarbeiter sind aber, so denke ich es mir, kein Rennwagen und mein Job ist auch nicht in der Formel 1 eine Tätigkeit auszuüben, ich bin Hausmeister.

Es ist ganz klar, viele Aufgaben und Anforderungen, die ein Gesetzgeber vorgibt, werden wenn ein alter Chef im

Ring ist, vielleicht nicht mehr so schnell umgesetzt. Es können Defizite entstehen. Kommt ein Wechsel in der Chefetage, sind nicht nur andere und eigene Wünsche abzuarbeiten, sondern auch die Defizite, die vielleicht entstanden sind. Ich habe es leider noch nicht erlebt, dass so ein Wechsel in der Führung auch stressfrei für die Mitarbeiter ablief. Nein, alles soll so schnell wie möglich auf einen gewünschten Stand gebracht werden. Es ist nicht so, dass ich hier die Aufgaben, die eine Firmenführung zu erfüllen hat, nicht verstehe, ich verstehe nur nicht das Tempo dabei. Auch hier hätte ich einen Vorschlag, wie man ein besseres Verständnis für die Mitarbeiter entwickeln könnte. Es sind nicht nur Lehrgänge oder Hausmeisterbesprechungen mit sachlichen Inhalten gefragt, es gibt mehr. Es gibt für uns Mitarbeiter-Belehrungen für Arbeits- und Gesundheitsschutz, Hausmeisterbesprechungen an denen mir zu oft einseitig besprochen wird, nämlich was neu ist, was zu tun ist und so machen wir es dann. Ich könnte mir mal eine Besprechung vorstellen, bei der es ausschließlich darum geht, wie ist die Situation mit den Mietern, wo haben wir Probleme, was können wir hier tun, um Abhilfe zu schaffen. Wie kommen wir mit der rasanten Entwicklung klar, wenn es um EDV und deren Anforderungen geht. Einfach gesagt, können wir aus der Firmenleitung etwas dafür tun um euch ein wenig Druck zu nehmen, damit ihr in diesen Prozessen auch besser zurechtkommt. Ich will ganz klar sagen, dass dies sicher nicht unser firmenspezifisches Problem ist, es ist ein allgemeines Arbeitsproblem dieser Zeit. Ich wollte halt auch so etwas einmal angesprochen haben.

Wir Hausmeister bräuchten kein psychologisches Training, aber Gespräche, die über die Arbeit hinausgehen. Warum bräuchten wir so etwas, weil meine Geschichten die ich beschrieben habe, einen Eindruck hinterlassen haben, vielleicht nicht so sehr bei Ihnen, aber bei mir. Und ich bin nicht der einzige in diesem Stand, der so vieles jeden Tag neu erlebt.

Hier beim Schreiben bin ich selbst mein größter Kritiker, ich weiß echt nicht, ob all das, was ich hier von mir gebe irgend Jemanden wirklich interessiert. Mir macht es auch keinen Spaß oder besser gesagt, ich bin nicht so veranlagt, mich selbst zu geißeln. Als ich mit den Zeilen angefangen habe, wusste ich nicht wo es hinführen wird, jetzt mitten drin weiß ich es immer noch nicht. Eines weiß ich jetzt aber, Erlebtes aufzuschreiben und anderen mitzuteilen, tut gut. Versuchen Sie es selbst einmal, wenn Sie damit angefangen haben, wollen Sie gar nicht mehr damit aufhören. Außer Sie sind so kritisch wie ich. Ich baue ein Bild und brauche oft ewig lange dafür, dann fast fertig fällt es mir auf den Boden. Ich hebe es auf und werfe es weg. Ich fange nicht an es zu reparieren, ich denk mir so schön war es eh nicht, auch wenn es Anderen vielleicht gut gefallen würde. Warum ich so bin weiß ich nicht, aber auch hier ist der Weg das Ziel für mich und nicht das Bild an der Wand hängen zu sehen.

76.

Bevor ich zu nachdenklich werde, schreibe ich lieber ein paar weitere Gedanken von mir auf. Was denken Sie wie viele Mieter von mir müssten tatsächlich in einer Mietwohnung wohnen? Die genaue Zahl weiß ich nicht, aber es gibt einige, die sich ein eigenes Haus leisten könnten oder es sogar haben, aber trotzdem hier wohnen. Was könnten hierfür die Gründe sein. Einige Gründe weiß ich und die werde ich Ihnen sagen. Viele Mieter sind eine Gemeinschaft und eine Gemeinschaft bietet etwas, was nicht zu unterschätzen ist, Sicherheit. Sicherheit als Schutz vor Kriminalität, in Form von sich gegenseitig in der Not zu helfen oder irgendwer ist in irgendeiner Situation für den anderen einfach nur da, greifbar. Hier hilft dir viel Geld und ein Haus am Tegernsee mit Blick auf die Berge nichts.

Ich hatte aber schon einen Mieter der aus einem anderen Grund hier wohnte und dabei sogar selbst ein eigenes Mietshaus besaß. Dieser Mieter beschwerte sich über Gott und die Welt bei mir und erzählte immer wieder in seinem Haus läuft das anders. Eines Tages, er hatte wieder ein Problem das aber keines war, fragte ich ihn warum er nicht in sein eigenes Mietshaus zieht. Kurz und knapp die Antwort, ich bin doch nicht blöd, hier wohne ich günstig und meine Wohnungen vermiete ich teuer. Ja, hier fiel mir nichts mehr ein. Wie gesagt so ein Mietshaus bietet vielen Charakteren ein Dach über dem Kopf.

Ich habe im Laufe meiner Arbeit auch Fehler gemacht. Nicht jetzt Fehler im Sinne von schlecht gearbeitet oder einfach den Mund an der falschen Stelle zur falschen

Zeit aufgemacht zu haben, nein, ganz andere Fehler. Ich bin einer, der sich mit den Mietern nicht so lange unterhält, auch habe ich noch nie bei einem Mieter ein Kaffeekränzchen gehalten. Hin und weg, war immer mein Motto. Manchmal denke ich aber, hättest du dir halt doch ein wenig Zeit genommen, um dich zu unterhalten. Gerade bei den älteren Semestern wären deren Erfahrungsschatz und das Wissen das sie hatten, sehr wertvoll gewesen. So kann ich nur bruchstückhaft wiedergeben, was in unserer Straße vor langer Zeit abging. Wir hatten mehrere Mieter die sportlich sehr aktiv waren und deren Erfolge für unseren Stadtteil so wichtig waren, dass sie auf einer Sänfte durch die Straße getragen wurden. Es waren Ringer des ESV und sie waren so erfolgreich, dass sich alle in unserem Stadtteil deren Erfolg teilten, und so ihre Anerkennung zollten. Sie sind alle schon gestorben, ihre Frauen kannte ich noch und ich ärgere mich wirklich sehr, solche Gelegenheiten, in denen man ein bisschen was über die Vergangenheit erfahren konnte, verpasst zu haben.

Mit Eigentum und Nichteigentum ist es auch so eine Sache. Ich beschrieb ja schon wie verschieden die Mieter damit umgehen. Ein Spruch der mich dazu sehr nachdenklich gemacht hat steht auf einem sehr alten Haus in der Schweiz.

„Diss hus ist min und doch nit min, wer vorher da, s'wart auch nid sin - Wer nach mir kumt mouss ouch hinaus; sag lieber fründ wem ist diss hus?"

Man könnte denken der Spruch beschreibt nach mir die Sintflut, und die ist nach mir, mir total egal. Es ist für mich der Gedanke den sich jeder machen sollte. Wie verlasse ich mein Haus, was gehört dir wirklich und was bleibt danach zurück. Es ist auch der Gedanke, dass alles vergänglich ist, nur ganz anders wie ich finde, interpretiert. Auch wenn es nicht ganz richtig von mir interpretiert ist, denke ich, wir haben alle Verantwortung für das, was wir hinterlassen, ganz besonders darum, weil wir nichts mitnehmen können, aber hinterlassen.

Langsam denke ich, dass mein Buch die Geschichten vom „das Wort zum Sonntag sind" und ich werde den Titel überdenken. Ich versuche wieder die Kurve zu bekommen.

77.

Eine tolle Jahreszeit ist für mich der Herbst, auch wenn dies für einen Hausmeister die arbeitsintensivste Jahreszeit ist. Das Laub scheint nie ein Ende zu nehmen und die Anlage schaut kurz nach dem Saubermachen aus, wie vor dem Saubermachen. Die Unfälle scheinen mir in dieser Jahreszeit häufiger zu sein als im Winter. Im Winter passen die Menschen in der Regel besser auf und doch ist nasses Laub mindestens genauso gefährlich auf den Wegen und Straßen. Auch die Arbeiten die zusätzlich gemacht werden müssen, sind nachhaltig langwierig und haben Konsequenzen, wenn sie nicht im Herbst gemacht werden. Ein nicht sauber gemachter Dachablauf, wird im Frost nicht selten gesprengt und im Frühjahr sieht man dann den Schaden. Ein Gully der noch Laub gesammelt hat, wird bei der Schneeschmelze zweimal gefährlich, erst läuft das Wasser nicht ab und riesige Pfützen entstehen und dann gefriert es oft noch und man könnte in diesem Bereich Schlittschuhe anziehen. Tja es ist meine Aufgabe dies nicht so weit kommen zu lassen, aber zwei Hände, zwei Füße und ein nicht an alles denkendes Hirn, lassen es manchmal auch so weit kommen.

In dieser Zeit sehe ich auch immer am besten, was es in den Läden der Umgebung gerade alles so gibt. Verpackungsmaterial und Papier aller Art liegen auf den Wiesen und in den Gebüschen. Der Wind treibt alles herum und es landet fast immer an den gleichen Stellen die man als Hausmeister kennt. Ist die Anlage aber so groß wie meine, nützt dir dieses Wissen wenig, du bräuchtest mehr Hände und mehr Zeit alles sauber zu halten. Nachdem meine Anlage in der Nähe einer

Schule liegt und ein Kindergarten auch gleich um die Ecke ist, bin ich über die neuesten Sammelbilder, die es gerade auf dem Markt gibt, auch immer bestens informiert. Ich war wirklich schon so weit, dass ich zum Tauschen in die Schule gehen wollte. Der Schreibwarenladen gegenüber von der Wohnanlage hat mit den Kindern eine Goldgrube und ich den Müll. Doch ist der Herbst für mich die Jahreszeit schlechthin. Die Tage wo die Sonne nicht mehr so herunter brennt und doch noch Kraft besitzt um einen leichten Sonnenbrand zu verursachen, lassen bei mir die Seele baumeln. Wenn die Blätter der Bäume die Farbe wechseln und das Auge sich gar nicht mehr daran satt sehen kann, ist es einfach wunderbar und ich vergesse schnell, dass es in dieser Zeit mehr zu tun gibt als im Sommer. In dieser Zeit habe ich aber auch sehr oft einen sehr naiven Gedanken, was wäre, wenn so mancher Mieter sich auch mal bücken würde und nicht nach mir ruft, „hey der Müll liegt schon seit zwei Wochen in dem Gebüsch." Es gibt sogar den einen oder anderen Kandidaten, dem es nicht zu dumm ist, hier sogar meinen Vorgesetzten darüber zu informieren, seit einer Woche liegt ein Karton auf der Wiese vor der Anlage. Ein kurzes Bücken wäre es, nein lieber diese Kraft vervielfältigen, um einen anderen darüber zu informieren. Hier denke ich mir schon manchmal, spinnen jetzt alle oder geht Boshaftigkeit über alles.

Was Mieter wissen sollten, der Hausmeister ist nicht der erste Müllmann der Stadt, auch wenn er solche Arbeiten macht, aber er macht sie, weil andere Menschen immer fauler und pragmatischer werden. Die Verwaltung kann nur alles so gestalten und verschönern, wie es die Mieter zulassen. Die Menschen die hier wohnen haben es in ihrer eigenen Hand, ihr Umfeld zu bestimmen, ist es sauber, bleibt es sauber oder will ich im Müll leben. Der Hausmeister hat nur begrenzte Möglichkeiten für Ordnung zu sorgen und hat so viele andere vielfältige Aufgaben die er schaffen muss.

78.

Mein Beruf ist nicht Beruf, er ist Berufung. Klar geht es darum deine Familie und dich zu ernähren, aber es steckt noch viel mehr dahinter.

Ich hatte eine Familie in der Anlage, bei der alles scheinbar völlig in Ordnung war. Mann und Frau gingen, nachdem die Tochter aus dem gröbsten heraus war, wieder in die Arbeit. Dann sah ich die Frau nicht mehr. Mir fallen solche Dinge immer erst sehr spät auf, ich brauche manchmal, oder besser gesagt immer, länger als meine Mieter. Irgendwann fragte ich bei dem Mann nach. Seine Frau hatte die neuen Errungenschaften der Medien, sprich Internet, genutzt, um sich einen neuen Mann zu suchen. Mann und Tochter waren fortan alleine. Die Tochter lernte irgendwann einen Mann kennen und zog in ihre eigene Wohnung, die auch in unserer Anlage war. Der Freund genauso arbeitsunlustig wie seine Freundin, langweilte sich wahrscheinlich den ganzen Tag und die Nacht und die Freundin zog aus. Als ich den jungen Mann fragte was mit seiner Freundin ist, sagte er, sie hätte übers Internet einen in Hannover kennengelernt und ist weg. Hier stellt sich mir die Frage in wie weit Verhaltensweisen vererbbar sind. Im Übrigen zog der junge Mann auch bald aus, weil er durch seine Arbeitsunlust die Miete nicht mehr bezahlen konnte. Wie gesagt, es war scheinbar eine völlig intakte Familie und der Schein trügt öfter als du denkst. Das Leben schreibt seine eigenen Geschichten und wenn du viele Familien um dich herum hast, erlebst du so viele Geschichten und manchmal werden sie dir zuviel.

Ich weiß nicht ob ich ein guter Vater bin, in meinem Bekanntenkreis waren welche dabei, die bei einer Geburtstagsfeier, wohlgemerkt nicht der von den Kindern, sich beim Spielen mit den Kindern die Hosen durchgescheuert hatten. Ich gehörte nicht dazu. Für mich waren die Kinder halt dabei und beschäftigen sich auch mit sich selbst. Bei dem einen Vater, wurde später der Sohn ein Punker, was ja nichts Schlechtes bedeuten muss, aber mir blieben diese pubertären auf Abwegen gekommenen Kinder erspart. Ich habe meine Kinder machen lassen und ein Auge nur von der Ferne gehabt und bin sehr gut damit gefahren, vielleicht hatte ich aber auch nur Glück gehabt dabei. Naja, wenn ich so darüber nachdenke, fällt mir doch noch etwas dazu ein. Meine Kinder bezeichnen mich schon mal als Pfosten und wenn ich besonders peinlich bin, als Vollpfosten.

Es ist aber so, ich habe es vorgemacht ohne verletzend zu sein, auch im Umgang mit der Sprache und ohne wirklich jemanden beleidigen zu wollen, sagen wir mal so, locker umzugehen. Ich mag es nicht, wenn jemand denkt der ist ein Depp, lieber höre ich es und kann damit auch besser umgehen. Ich mag keine Duckmäuser und keine falschen Menschen und so war auch der Erziehungsansatz von meiner Frau und von mir. Taktisch mit Menschen umzugehen ist ein Verhaltensproblem für mich, und viele Menschen sind so taktisch, dass sie schon selbst nicht mehr wissen was sie sagen, aber sie sagen fast nie die Wahrheit.

79.

Ich schreibe gerade und höre schon die Böller der Silvesternacht. Es gibt erst in einer halben Stunde Essen, das ich schon vorbereitet habe. Heute Nacht werde ich wieder ein Auge auf meine Anlage haben, wie gesagt, es ist kein Muss, es ist ein „ich will es so".

Wenn mich der ein oder andere Mieter sieht, denke ich mir zumindest, wird vielleicht auch die ein oder andere Flasche wieder aufgeräumt. Scherben, die am nächsten Tag rumliegen sind nicht nur gefährlich, es ist auch ein Bild, das mir in einer Wohnanlage gar nicht gefällt. Zu meiner Psyche gesagt, mir taugt es gar nicht den Dreck der anderen an diesem Tag wieder aufräumen zu müssen. Es sind so viele Müllsäcke die voll werden, du kannst den Greifer für den Dreck vor Muskelkater kaum mehr halten und dich Tage danach auch noch nicht wieder bücken. Es regnet gerade und für meine Begriffe regnet es viel zu wenig, bei Regen geht der Spuk schneller vorbei. Die Menschen freuen sich über den Jahreswechsel, ich denke ein wenig anders darüber, bei mir ist es wie einen Geburtstag zu haben, schön dass man noch lebt, aber leider wieder ein Jahr älter geworden. Ich weiß ich bin manchmal schrecklich, aber ein halb volles Glas ist für mich dasselbe wie ein halb leeres Glas. Ich bin sicher kein Pessimist, aber so manches kann man sich auch schönreden, was der Inhalt dieses Spruches ja schön zeigt.

Ich habe es mir angewöhnt, den Silvestermüll schon am Neujahrstag aufzuräumen, während viele noch ihren Rausch ausschlafen. Ich kann den Dreck einfach nicht sehen, auch wenn ich manchmal unterm Jahr an so manchem Papier vorbeigehen kann, in so geballter Menge geht's einfach nicht ohne etwas dagegen zu tun.

Wie jedes Jahr nehme ich mir auch den einen oder anderen guten Vorsatz vor und wie jedes Jahr bin ich meist „konsequent inkonsequent". Hier unterscheide ich mich von den meisten Menschen nicht. Der Witz bei den guten Vorsätzen ist der, du machst sie und hältst sie nicht ein und dann ärgerst du dich, weil du merkst, wie schwach du eigentlich bist. Jetzt kommt gleich „Dinner for one" und das ist für mich Pflicht, so oft schon gesehen und ich schau es mir jedes Mal wieder an. Jetzt wünsch ich jedem einen guten Rutsch ins neue Jahr, blöd ist nur, gerade kann es niemand lesen. Ach ja, ich musste gerade noch einmal eine Türe aufmachen, eine Mieterin hatte sich ausgesperrt. „Einstweilen vielen Dank!"

80.

Jetzt ist Neujahrstag und ich war gerade unterwegs gewesen um zu schauen ob noch alles steht. Das Schauspiel am Himmel empfand ich diesmal besonders schön, es wird wohl auch daran liegen, dass es die neuen Raketenbatterien gibt. Dies kommt mir ein wenig bei der Arbeit entgegen, es ist Dreck, der mit einem Handgriff entsorgt wird und nicht in 1000 Teilen umherliegt. Kaputte Flaschen hatte ich heuer keine einzige, dies ist Premiere. Was mir aber auch aufgefallen ist, sind die illegalen Kracher die verwendet werden, diese sind Sprengstoff pur und machen sogar Löcher in die Straßen.

Wissen Sie woran Sie auch merken können, ob Sie den richtigen Beruf gewählt haben oder auch nicht. Ich stehe jeden Morgen gerne auf um in die Arbeit zu gehen, klar brauche ich das Geld von meiner Arbeit um leben zu können, aber ich stehe gerne dafür auf. Für mich heißt das, ich brauche das Geld, aber auch die Arbeit und nicht nur die Arbeit um das Geld zu verdienen.

Mit diesen Zeilen will ich auch um Verständnis werben, für den Hausmeister im Allgemeinen. Wer wusste wirklich bevor er diese Zeilen gelesen hat, wie vielfältig die Arbeiten sind und wie weit sie über die eigentliche Arbeit hinausgehen. Hier will ich auch beschreiben, was ein Hausmeister manchmal so denkt und wie er mit den Situationen in die er kommt, umgeht. Klar spreche ich gerade in diesem Buch von mir, aber es geht vielen in meinem Berufsstand ganz genauso.

Ein paar Schlagwörter habe ich für den Hausmeister der Gegenwart und Zukunft gefunden:

Belastbar sein – Verständnis haben – nicht Jedermanns oder Frau's bester Freund zu sein – du bist auch keine Zeitung, die gibt's am stummen Automaten – ab und zu über die normale Arbeitszeit hinaus für den Mieter da zu sein – gerne arbeiten – sich nicht alles gefallen zu lassen – diesen Beruf als Berufung zu sehen.

Viele andere Menschen im Berufsleben werden sich hier auch wieder finden. Wir sind Dienstleister einer bestimmten Art. Im Übrigen gibt es für Kuchen Rezepte, für die Arbeit muss sich jeder selbst etwas zusammenmischen.

Als ich anfing zu schreiben dachte ich nicht daran, dass ich so vieles neben den Geschichten, die ich erlebt habe, schreiben wollte. Mich hat beim Schreiben eine Eigendynamik eingeholt, bei der ich nicht weiß, ob sie so wirklich ok ist, aber so ist es halt mal mit der Dynamik im Allgemeinen.

Dass unser Beruf auch gefährlich sein kann, konnten Sie an der einen oder anderen Geschichte schon sehen. Der eine oder andere Richter wurde schon im Gerichtssaal erschossen, er hatte wohl das „falsche" Urteil gefällt. In einer Anlage neben meiner, rügte ein Hausmeister spielende Kinder und ging gleich zu deren Eltern. Er wollte den Eltern sagen, dass die Kinder den nassen Rasen kaputt machen mit ihrer Spielerei.

Es gibt hier bei mir so etwas, das man nicht lernen kann, Verhältnismäßigkeit und Einfühlungsvermögen, beides hat man oder nicht, mit lernen wird's hier schwer. Ich rede gerade nicht davon, bei allem wegzuschauen, besonders wenn die Eltern der Kinder und du weißt dies, nicht die gemütlichsten Zeitgenossen sind. Also der Hausmeister ging zu den Eltern, sie waren zu zweit. Nach der Ansprache des Hausmeisters passierte folgendes, der eine wurde geschlagen und beim anderen klingelten der Vater und seine Freunde mit dem Messer in der Hand an seiner Türe. Traurig aber wahr.

Heute kann es dir passieren, dass gleich einer das Messer zieht, früher hat sich der Messerzieher entschuldigt und gar kein Messer dabei gehabt, so ändern sich die Zeiten.

Ich habe ja geschrieben, dass für mich der Charakter zählt und nicht die Herkunft und damit sehr oft verbunden die Religion. Irgendwie und ich hatte in Geschichte aufgepasst, erinnert mich alles ein wenig an den Turmbau von Babel. Die Menschen wollten gottgleich werden und dachten allen Ernstes, nichts kann sie davon abhalten. Nach der Geschichte löste Gott seine Probleme, indem er den Menschen verschiedene Sprachen gab, sie verstanden sich nicht mehr dadurch.

Ich denke Gott ist schuld, weil nun alle anders sprechen und denken. Nein wir Menschen lernen einfach nicht und denken in der Masse und im Einzelnen, dass wir alles können und wollen, unsere Religion und unsere Ansichten wollen wir jedem anders denkenden aufs

Auge drücken. Jeder sollte sich in dem Land, in dem er lebt, anpassen und das geht auch ohne dass man seine Kultur dabei vergisst. Ich verstehe nur nicht warum das bei uns in Deutschland anders sein sollte. Wie man sehen kann, bin ich durch die lange Arbeit und den Wandel in dieser, politisch noch nachdenklicher geworden. Der Film von Charlie Chaplin „Moderne Zeiten" hat uns längst eingeholt und dazu gekommen sind die Probleme, dass sich Menschen verschiedener Kulturen und Ansichten das Leben zusätzlich schwer machen. Es geht sicher anders, nur hierfür müsste sich der Mensch ändern und ich denke eher fangen meine Mülltonnen das Denken an.

81.

Dass die Mülltonnen das Denken anfangen ist aber gar nicht so abwegig. Geht es doch mit der fortschreitenden Automatisierung am Arbeitsplatz an, wo es enden wird, weiß keiner so ganz genau. Vielleicht ersetzt nicht ein Hausmeisterservice einmal meine Arbeit, sondern ein Roboter und vielleicht macht er in allen meinen Arbeitsbereichen eine bessere Figur als ich. Er hat vielleicht auch Emotionen und kann sie gezielt einsetzen, ohne für den anderen beleidigend zu werden. Ich hoffe bis dahin in Rente zu sein, und werde dann dem Roboter meine Arbeitsaufträge im Vorbeigehen in irgendeinen Schlitz einwerfen. Bis zu diesem Zeitpunkt mach ich so weiter, wie ich es gewohnt bin.

•

Ich ging wie so oft des Weges und jemand sagte „Hallo" vom ersten Stock eines Balkons zu mir. Im Vorbeigehen mit kurzem Blick nach oben, erwiderte ich das Hallo. Ein paar Meter weiter kam mir erst das, was ich gerade gesehen hatte. Bilder im Kopf. Ein Mann, kein Landsmann, er war irgendwo aus Mitte China, hatte eine Sau an den Hinterhaxen an der Balkondecke aufgehängt. Naja, tote Säue fallen nicht unter die Mieterverordnung, wie zu dieser Zeit zum Beispiel die Hundehaltung. Er zerlegte gerade die Sau. Er hatte allen Ernstes eine ganze geschlachtete Sau mit nach Hause genommen, in der Wanne gebrüht und die Borsten abgezogen und dann am Balkon zerlegt. Wir haben nun eine Metzgerei dachte ich. Ich sah mir das Ganze von Nahem an und sah auch die Wanne, die Borsten hatten alles verstopft und der Rohrreinigungsdienst musste kommen. Ich denke es war die teuerste Sau, die der Mann je verspeist hatte.

Es war Winter und der gleiche Tag, an dem das mit der Sau mein Thema des Tages war. Eine Stunde später wurde ich zum gleichen Haus gerufen. Da steht eine Frau im sechsten Stock am Balkon und schreit um Hilfe. Es waren Temperaturen so um die Null Grad und die Dame war im Nachthemd auf dem Balkon gestanden. Sie hatte ein kleines Kind und das sperrte die Dame, die gerade auf dem Balkon was holen wollte, aus. Das Kind konnte die Türe verschließen aber nicht mehr öffnen. Ich konnte die Eingangstüre öffnen und die halberfrorene Frau aus ihrer misslichen Lage befreien. Dies sind Momente, an denen du dich richtig freuen kannst und es dich vieles, was dir nicht so gefällt, vergessen lässt.

Gerade ist es wieder soweit, meine Frau hat sehr viel Verständnis für mich, aber da ich sehr viel Zeit, auch Freizeit, in meiner Werkstatt verbringe, muss ich mir doch auch einiges von ihr anhören. Sie meinte kürzlich, ob ich noch kein Bett da unten habe. Ein Wink mit dem Zaunpfahl denke ich. Vielleicht meinte sie aber auch damit, sie kauft mir eines, damit ich es gemütlicher habe. Hier bin ich diplomatisch und frage nicht nach.

Ich bin, wie ich gerade beschrieben habe, mal wieder in meiner zweiten Wohnung, der Werkstatt. Da ich zu meinem Arbeitsausgleich gerne male, fang ich auch gleich noch damit an. Nun ist es so, an der Werkstatttüre ist ein Briefkasten, in den meine Mieter ihre Arbeitsaufträge einwerfen können und ich schaue regelmäßig nach, ob etwas darin liegt. Das mit dem Bild kann ich nun vergessen, es ist zwar Feierabend, aber es liegen Zettel drin, die keinen Aufschub erlauben. Meine Frau und meine Tochter haben mir auf diesem Weg geschrieben, was ich alles machen sollte. Kennt das jemand, bei einem anderen machst alles und bei dir bleibt es liegen. Ja sie sagten mir schon die ganze Zeit, das musst noch machen, dies geht nicht, und so weiter. In diesem Fall war der Zettel fast so lange wie bei dem Mieter, den ich vorher mal beschrieben hatte, nur hier war alles darauf, Name, Adresse und Telefonnummer, nun wusste ich auch wo ich wohnte. Sie hatten am Telefon zu oft gehört, wie ich meinen Mietern sagte, bitte werfen Sie mir einen Zettel in den Briefkasten, dieses Bewusstsein hatte sich auch bei meiner Familie festgesetzt.

82.

Mieter kommen auf Ideen, da kannst du nur staunen. In einem Haus bauten wir einen zweiten Aufzug, ein Luxus den sich nicht jeder leisten kann oder leisten will. Es macht sehr viel Sinn einen zweiten Aufzug zu haben. Ich hatte schon Situationen, wo er das Leben viel leichter gemacht hätte. Als wir noch einen Aufzug hatten, waren auch öfter Ausfälle an der Tagesordnung und der Lift musste länger repariert werden. In diesem Haus sind auch ältere und kranke Mieter, einer musste mehrmals die Woche zur Dialyse und diese Ausfallzeiten waren besonders hart für diese Menschen. Also du reichst den Finger, der Mieter nimmt deine ganze Hand und dabei hörst dann den Spruch. Was ist wenn die beiden Aufzüge zur gleichen Zeit ausfallen? Diese Frage war gut, so gut, dass ich mich fragte, soll ich meinem Chef sagen wir bräuchten noch einen dritten Aufzug um dieses Risiko zu minimieren. Ich denke ich werde es ihm nicht sagen, weil ich weiß, was er antworten würde.

Heute habe ich die Nachricht bekommen, dass ein Mieter den Kammerjäger gerufen hat, er hatte kleine ungebetene Gäste in der Wohnung. Der Kammerjäger stellte fest, es sind Bettwanzen und deren Beseitigung würde wohl einige Aktionen nach sich ziehen. Außerdem stellte er noch fest, dass der Herd der Tiere wohl nicht in dieser Wohnung sei. Ich weiß noch nicht wie die Geschichte ausgeht, hoffe aber gut.

Wussten Sie, dass der Aufzug auch als fahrbares WC benutzt wird? Es kann sicher ganz praktisch sein, sein Geschäft sozusagen auf dem Weg zu verrichten aber der Lift ist wirklich schlecht dazu geeignet, ich meine der Hygiene wegen, Auge und Nase leiden hier auch noch. Obwohl, es müsste machbar sein, ein Waschbecken im Lift einzubauen. Also hier gibt's wieder zwei Möglichkeiten, eine Sonderreinigung von einer Reinigungsfirma, oder es macht der Hausmeister den Dreck weg. Da mein Magen eine gewisse Grundhärte hat, mach ich auch diese Dinge oft selbst. Dies hat aber den einfachen Grund, es geht schneller wie wenn ich eine Firma beauftrage. Die Grundhärte des Magens habe ich mir angeeignet, als ich noch für ein Haus mit 54 Parteien den Reinigungsdienst machen musste. Hier habe ich Dinge sauber machen müssen, die weit über einen WC-Lift hinausgingen. Ein Mieter benutzte im Alter und seiner dazukommenden Demenz, grundsätzlich den Keller als Toilette. Es ging so weit und zu dieser Zeit wussten wir noch nicht, dass nicht eine defekte Abflussleitung der Grund für die Urinlache war, dass wir den Betonboden aufmachen ließen. Es war immer die gleiche Stelle am Boden die nass war, das Öffnen des Bodens brachte aber nichts zum Vorschein, das zur Lokalisierung eines Defektes diente. Bis der Tag kam als ein anderer Mieter seinen Nachbarn beim Pinkeln erwischte. Der Kellerpinkler war sich keiner Schuld bewusst, kam aber bald darauf in ein Seniorenheim. Ich hoffe sie haben keinen Keller dort.

Meine Tochter sagte mir einmal ich sei peinlich, ich denke diesen Spruch haben schon viele Eltern von ihren Kindern gehört. Bei meiner Tochter und bei meinem Sohn bin ich es aber öfter mal auch absichtlich, irgendwie kommt bei mir dann das Kind im Mann durch und ich habe doch auch so viel Spaß daran. Einen Mieter würde ich nicht in diese Situation bringen wollen, aber ich habe auch dies schon unabsichtlich geschafft. Ich gehe gerne mal in die Sauna, gemischt, versteht sich. Als ich so dann in einer schwitzte, kam eine Mieterin von mir auch in die Sauna und ich begrüßte sie höflich mit „Hallo Frau sowieso". Sie sah mich, drehte sich um und ging. Es war ihr sicher peinlich, warum verstand ich nicht, wenn du in eine öffentliche Sauna gehst, kann es dir immer passieren, dass du auf einmal Jemanden siehst den du kennst. Sie hat im Übrigen dieses Ereignis aus ihrem Kopf gelöscht und nie etwas dazu gesagt.

Diese Mieterin wurde im Alter schwer dement, und den geistigen Verfall eines Mieters langsam zu erleben ist für mich dann auch sehr schwer verdaulich. Ich hatte hier viele Situationen erlebt, wie zum Beispiel ein Mieter mitten im Winter barfuß von der Polizei aufgegriffen und wieder nach Hause gebracht wurde. Die andere Mieterin saß bei 30 Grad im Schatten mit dem Pelzmantel an der Bushaltestelle und sagte im Bewusstsein wer ich war, „fröhliche Weihnachten Herr Bauer." Nach solchen erlebten Momenten, stelle ich mir oft die Frage, welches Schicksal wird dich im Alter treffen. Dieses Bewusstsein im Kopf, versuche ich zufrieden zu sein mit allem und geht dir das Bewusstsein kurz abhanden, holt dich ein Schicksal schnell wieder zurück.

Was mir in den letzten Jahren immer mehr auffällt, ist die Zunahme von Pflegediensten, die meine Anlage immer häufiger besuchen. Hier fällt mir der Spruch ein, die schießen wie Pilze aus dem Boden. Der häusliche Pflegedienst lässt es zu, dass Mieter nicht so schnell in ein Altenheim müssen und viel restliche Zeit, die sie noch haben, Zuhause in ihrer gewohnten Umgebung verbringen können. Wer will das im Alter nicht? Es gibt aber auch Nachteile, die ich hier sehe. Ein Pflegedienst hat oft nicht die Zeit, die er aber bräuchte, um auch noch mit den Patienten zu reden, er macht seine Arbeit und das schnell und ist wieder weg. Der Moment, den der Mann, die Frau hat, wo der Dienstleister zu einem kommt ist sehr kurz und damit haben die Leute auch nur kurze Abwechslung in ihrem Alltag. Die Hilfe die manch einer benötigt, wäre auch oft viel umfangreicher, aber machen kann der Pflegedienst nur das Nötigste.

Für mich ist das so wie es abläuft kein Idealfall, auch nicht annähernd. Ich sage das, weil ein Hausmeister schon gerne mal angerufen wird, könnten Sie mir bitte einen höheren WC-Sitz einbauen oder an der Türe unten einen Handlauf montieren. Es sind Dinge die ich auch gerne mache, wenn ich Zeit dazu habe und Zeit habe ich nicht so viel dafür. Die Menschen werden dadurch viel häufiger alleine gelassen mit ihren Problemen. Jetzt stellen Sie sich vor, wir hätten eine Fremdfirma für die Hausmeisterarbeiten, wo gehen dann die Menschen mit ihren kleinen Problemen hin?

83.

Zum Einkaufen hat mich aber noch kein Mieter geschickt, auch keiner, der vom Pflegedienst betreut wird. Das waren jetzt nur einige Geschichten die ich erlebt habe. Auch habe ich nur ansatzweise das geschrieben, was mir an meinem Beruf gefällt und was verbesserungsfähig wäre. Das ganze Spektrum von den Verknüpfungen, die ein Hausmeister hat, habe ich nur sehr verkümmert wiedergegeben. Damit Sie verstehen, welche Verknüpfungen ich meine, zähle ich sie noch einmal zusammengefasst auf. Ich versuche es mit einer kleinen bildlichen Vorstellung. Der Hausmeister ist die Sonne, um ihn herum kreisen als Planeten die Mieter, die Firmenleitung, das Büro im Allgemeinen, die Firmen. Verschiedene Monde stehen für die Wünsche des Hausmeisters, für Mieterbedürfnisse, für Vorschriften aller Art. Die Kometen bestehen in diesem Geschäft nicht aus Eis und Stein, es sind Dankbarkeit, Ignoranz und Dummheit, Lebenserfahrung, Geld, und vieles mehr was mir gerade nicht einfällt. Mit den Kometen ist es so eine Sache, wie gesagt der Hausmeister ist die Sonne und die ist sehr heiß und alles verglüht schnell, gute Dinge und schlechte, der Sonne ist es egal.

Anders gesagt der Hausmeister ist ein Bindeglied und ohne ihn könnte die Kette zwischen Eigentümer und Mietern reißen.

Nicht aus Taktik oder Unvermögen bin ich auf viele Probleme zwischen Verwaltung und Angestellten nicht eingegangen. Es ist nur so, jeder versucht seine Arbeit so gut es geht zu machen, die Firmenleitung und der kleine Arbeiter. Es ist unendlich schwer, einen Chef in manchen Entscheidungen die er trifft, zu verstehen, aber für ihn wahrscheinlich auch so manche Reaktion des Betroffenen. Also was soll ich dann viel dazu sagen, außer und ich spreche nur für mich selbst, es ist schön, in dieser Firma arbeiten zu dürfen. Dass ich hier nicht lüge, kann man vielleicht daran sehen, wie lange ich schon hier arbeite.

Aber auch ich hatte schon so manchen dummen Gedanken, wenn ich mich einmal besonders über meinen Chef geärgert habe. So in etwa, soll doch der mal eine Woche meine Arbeit machen. Dass der Gedanke dumm und nicht zu Ende gedacht war, kann man auch schnell erkennen. Ich müsste vielleicht dann seine Arbeit machen, naja, der Gedanke ginge ja noch, aber wie ist es mit der Verantwortung für die Firma die er hat? Ein Krankenpfleger kann auch nicht sagen ich tausche mal eine Woche mit dem Herrn Doktor, in dieser Woche wäre ich nicht gerne Patient. Man kann also nicht einfach tauschen um dem anderen zu zeigen, ich habe auch viel zu tun, vielleicht mehr als Sie sich träumen lassen. Es muss also einen anderen Weg geben, um das einem Vorgesetzten transparent werden zu lassen. Den einzigen Weg den ich kenne ist nicht der, ich arbeite bis zum Umfallen und vielleicht nimmt er es dann wahr, nein das ist nicht der richtige Weg. Ich denke eher daran mit Worten die treffen, einen Vorgesetzten zum Nachdenken zu bringen. Jeder muss selbst wissen, welche Worte er für welche Argumente wählt.

Aber ein offenes, ehrliches Gespräch ist sicher der

bessere Weg, als seine Arbeit nur noch so zu machen und seinen Beruf lediglich als Geldeinnahmequelle zu sehen.

84.

Gutes Arbeitsklima und Mieterzufriedenheit sind die Eckpfeiler für meine Arbeit, die ich gerne mache. Subjektiv gesagt sind meine Mieter zufrieden, denke ich. Bin ich es auch? Ist meine Firma mit dem was ich tue zufrieden?

Das sind jetzt sehr schwierige Fragen, die ich mir hier selbst stelle. Die nächste Frage ist, schreibe ich ein Buch um Allen zu gefallen oder schreibe ich ehrliche Zeilen. Diese Fragen greifen wie Zahnräder ineinander. Zur Frage, ob ich mit den Mietern zufrieden bin, kann ich dies zusammengefasst mit ja beantworten.

Es gibt natürlich auch durch die vielen Jahre die ich hier gearbeitet habe, dementsprechend viele Dinge die mir nicht oder überhaupt nicht gefallen oder gefallen haben. Es kann aber auch nicht sein, dass alles immer super läuft, weil Menschen nicht die Gabe haben einem immer alles recht zu machen. Der Wandel den auch mein Beruf mit den Jahren erfahren hat, hat mein Mieterklientel ebenso mitgemacht. Die Mieter waren früher nicht weniger kritisch was meine Arbeit und deren Ausführung betraf. Ich denke sogar das Gegenteil ist der Fall. Nur ist es so, ich denke sie haben immer gesehen, dass mir diese Anlage viel abverlangt und dies auch verbal honoriert. Dies ist anders geworden, auch wenn wir immer noch eine im Allgemeinen gesehen, sehr intakte Mietergemeinschaft haben, schleicht sich doch auch hier eine gewisse Anonymität und Oberflächlichkeit ein. Vielen Mietern ist völlig egal was ich mache und andere sind ständig am meckern. Mit diesem kleinen Buch will ich bei den Mietern, ein Bewusstsein wecken auch einmal die andere Seite anzuschauen, nämlich meine Seite.

Einen Finger will und wollte ich nie heben und jammern tue ich zwar sehr gerne, aber ich denke wer mich kennt, weiß, dass ich soweit es alles zulässt immer für die Mieter da bin. Wissen aber das auch die Mieter?

Ist meine Firma mit mir zufrieden? Hier kann ich nicht viel dazu sagen, weil hier die Befangenheit und Unwissenheit von mir zu groß ist, um diese Frage zu beantworten. Ich stelle mir aber diese Frage, weil sie doch wichtig ist. Was kann ich zu dieser Frage objektiv sagen? Ich arbeite nun seit 33 Jahren hier, wäre eklatant etwas nicht in Ordnung mit meiner Arbeit gewesen, wäre es sicher in welcher Form auch immer, an mich herangetragen worden. Im Verhalten von meinen Mitarbeitern zu mir kann ich erkennen, dass eine Zufriedenheit dieser vorhanden ist. Ein Mobbing in welcher Art und Weise auch immer, habe ich bei mir und im Übrigen auch bei meinen Arbeitskollegen nicht erlebt. Hier kann ich noch anfügen, dass wir in unserer Firma immer noch vieles außerhalb der normalen Arbeit haben was in anderen Firmen schon abgebaut ist. Betriebsausflug, Weihnachtsfeier und Oktoberfest als Beispiele genannt und hier ist es bisher immer so gewesen, dass ich auch dort immer das Gefühl hatte, die Kollegen mögen mich. Meine Antwort ist jetzt einmal sehr diplomatisch ausgedrückt, in der Funktion die ich in der Firma habe, sind mein Chef und die Mitarbeiter mit mir zufrieden.

Hier bin ich gerade sehr stolz auf mich, weil ich das Gefühl habe mit Worten spielen zu können, auch wenn es mir in diesem Buch wahrscheinlich seitenweise nicht so gelang.

Jetzt zur schwierigsten Frage, schreibe ich um zu gefallen oder schreibe ich ehrliche Zeilen. Ich denke ich schreibe was ich mir denke und was ich nicht schreibe und das sind auch ein paar Sachen, kann ich nicht schreiben, weil ich niemanden verletzen will. Hier geht es nicht darum so ehrlich zu sein, dass alle in Ehrfurcht erstarren und andere tot umfallen, hier geht es darum, es gibt wirklich Momente, in denen du deinen Mund halten solltest. Es gibt Grenzen an deren Grenzbaum ich gerne gehe und ein wenig den Kopf drüber halte, aber auf die Füße anderer rumzutappen, wenn man merkt, dass es ihnen weh tut, geht nicht. Also zur Frage zurück, ich schreibe ehrlich. Solange es mein Charakter zulässt und gefallen muss ich niemandem, schreibe ich ehrlich, weil ich bin wie ich bin, sehr offen und selten taktisch.

Mit diesen Zeilen will und wollte ich niemandem zu nahe kommen, es sind einfach die Geschichten die ich erlebt habe und der Versuch mich und meine Arbeit zu erklären. Es ist aber mehr, es ist auch der Versuch den Berufsstand Hausmeister den Menschen ein wenig näher zu bringen. Keiner sollte sich zu wichtig nehmen, egal welche Position er innehat, weil wir sind alle nur das, was die Gemeinschaft zulässt und ganz zum Schluss nach langer Zeit vergessen.

Sollte ich es geschafft haben mehr als nur ein wenig Unterhaltung mit den paar Zeilen zu bringen und nicht auf völlige Ablehnung gestoßen sein, habe ich viel erreicht. Im Übrigen halte ich es so wie mit meinen Bildern. Kunst ist für mich nicht etwas in Perfektion zu schaffen oder die Realität abzubilden, wie es eine Fotografie macht, irgendetwas in dem Bild zu sehen, besser noch in einem selbst zu wecken und daran Freude zu haben, das ist Kunst in meinen Augen.

Eines noch in eigener Sache: Ich kann nicht singen, null, aber ich würde gerne ein Sänger sein. Wissen Sie warum? Ein Lied zu singen, wenn einem die Stimme dazu gegeben ist, ist leicht und mit der richtigen Stimme und Gefühl dazu, erreichst du fast jeden. Ein Bild zu malen ohne Talent, oder ein Buch zu schreiben, ist, denke ich, viel schwerer. Ich wäre gerne ein Sänger mit Talent, aber so mühe ich mich ab und bin trotzdem froh, auch ohne Stimme wenigstens ein paar Menschen zu erreichen. Ich hoffe Sie sind gnädig, kritisch dazu und froh, dass ich nicht singe.

Versuch einer Danksagung

Es fängt doch oft so an, wie zum Beispiel in einer Oskarverleihung, man dankt seinen Eltern, geboren worden zu sein. Im Grunde, der richtige Ansatz aber für mich gibt es hier ein „Aber".

Mein Dank gilt den Menschen, die mir auf dem Weg geholfen haben und mich bei einer, für einen Handwerker untypischen Arbeit, nämlich ein Buch zu schreiben, unterstützt haben.

Unterstützung ist Geld, Unterstützung ist Geduld und Verständnis und Unterstützung ist Kraft für einen da zu sein. Meine Familie und hier ganz besonders meine Tochter sind meine Quelle gewesen und beinhalten alle von mir vorher aufgezählten Notwendigkeiten.
Ein Buch über seine Arbeit zu schreiben geht auch nur, wenn man eine Arbeit hat und ich habe eine gute Arbeit und einen guten Arbeitgeber.

Ein ehrliches Danke, fällt so manchem Menschen schwer zu zeigen und auszusprechen, aber es tut nicht nur den anderen gut, es ist ein Gefühlsbestandteil, den man nicht zu spät zeigen sollte.

Ich danke jedem der meine Wege wohlwollend begleitet und auch jedem, der mich kritisch auf den richtigen Weg bringt.

ISBN 978-3-7467-2658-8

www.epubli.de